Hans G. Hoffmann
Marion Hoffmann

Übungsbuch Wortschatz **Englisch**

1000 wichtige Wörter richtig anwenden

Hueber Verlag

Wenn Sie Fragen zum englischen Sprachgebrauch oder Kommentare zum Inhalt dieses Buches haben, besuchen Sie uns bitte auf unserer Website www.englishmaster.de.
Dort finden Sie auch Informationen zu Grammatik, Wortschatz, Sprachgebrauch und Landeskunde sowie Übungen und Hinweise auf nützliche Lernhilfen.

Hans G. Hoffmann, Marion Hoffmann

3. 2. 1. | Die letzten Ziffern
2011 10 09 08 07 | bezeichnen Zahl und Jahr des Druckes.
Alle Drucke dieser Auflage können, da unverändert, nebeneinander benutzt werden.
1. Auflage

Umschlaggestaltung: Parzhuber & Partner, München
DTP: Satz + Layout Fruth GmbH, München
Druck und Bindung: Ludwig Auer GmbH, Donauwörth
Printed in Germany
ISBN 978-3-19-007909-4

Vorwort

Dieses Buch hilft Ihnen, die wichtigsten englischen Wörter richtig zu gebrauchen. Hält man sich vor Augen, dass mit den 100 häufigsten Wörtern bereits über 50 Prozent eines jeden beliebigen Textes erfasst sind, so wird einem deutlich, wie wichtig es ist, gerade diese 100 Wörter intensiv zu üben. Dieses Buch übt aber nicht nur die 100 häufigsten Wörter, sondern etwa 1000 Wörter, die erstens für die Kommunikation wichtig sind und zweitens in der Anwendung Schwierigkeiten bereiten.

Je häufiger ein Wort ist, desto höher ist die Zahl seiner Verwendungen; desto größer ist in der Regel auch die Menge der Fehlerquellen, die das Wort dem Lernenden bietet. Denken Sie an die Präpositionen *of, in* und *to*. Sie gehören zu den 10 am häufigsten gebrauchten Wörtern. Es ist also extrem wichtig, Fügungen zu üben, in denen diese Präpositionen anders als ihre deutschen Entsprechungen gebraucht werden: *typical of* („typisch für“), *in the British Isles* („auf den Britischen Inseln“), *welcome to London* („willkommen in London“)!

Dieses Buch behandelt die häufigsten dieser Sprachfallen, wobei manchmal vom deutschen, manchmal vom englischen Wort ausgegangen wird. Welche Fehlerquellen lauern doch bei den englischen Entsprechungen für „fahren“, „machen“, „sollen“, „als“ oder „sicher“, und wie leicht verwechselt man *street* und *road, lose* und *loose, bring* und *take, human* und *humane*!

In diesen Zusammenhang gehören auch die *false friends*, denen es in der Sprache (wie im Leben!) aus dem Weg zu gehen gilt. Nach Durcharbeitung dieses Buches wissen Sie natürlich, dass „aktuell“ nicht *actual*, „blamieren“ nicht *blame* und „eventuell“ nicht *eventual* ist und dass Sie sich vor dem Falschgebrauch von *handy* und *backside* hüten müssen.

Das Verhindern typischer Fehler ist aber nur eine der Aufgaben, die sich dieses Buch stellt. Sie lernen idiomatische Redensarten kennen, mit denen Sie Ihrem Englisch Würze verleihen können: *the jury is still out on it* – was für eine plastische, aktuelle Art auszudrücken, dass über eine Sache das letzte Wort noch nicht gesprochen ist! Sie finden in diesem Buch u. a. auch Sprichwörter, beschönigende Formulierungen (Euphemismen) oder die im Englischen so wichtigen *phrasal verbs*.

Bekannterweise kann man im Englischen oft nicht von der Schreibung auf die Aussprache schließen. Dies führt zu typischen Aussprachefehlern, auch bei häufig gebrauchten Wörtern. Die meisten dieser Fälle finden Sie hier in Übungen zusammengefasst, sodass Sie am Ende wissen, dass *bury* sich mit *berry* reimt, *gone* mit *on* und *comb* mit *home*.

Dieses Buch soll nicht nur informativ, sondern auch unterhaltsam sein. Aus diesem Grund wechseln sich unterschiedliche Übungs- und Testformen ab.

Sie finden Übersetzungs-, Einsetz- und Zuordnungsübungen, Texte und Antwortauswahltests in bunter Folge, die – jeweils in Zehnergruppen gebündelt – von einem Kreuzworträtsel abgeschlossen werden. Falls Sie die Übungen in einer anderen Reihenfolge durcharbeiten wollen, können Sie sich orientieren entweder anhand des Inhaltsverzeichnisses nach Themen (S. 5) oder mit Hilfe des Registers (ab S. 157), das Ihnen auf Anhieb sagt, wo Sie etwa eine Übung zu *while – during, since – for*, „können" oder „werden" finden.

Beachten Sie für ein erfolgreiches Lernen die folgenden Empfehlungen:

- Lernen bzw. üben Sie in der Regel keine Einzelwörter! Wer Einzelwörter lernt, wird später Fehler bei der Bildung von Kollokationen und Sätzen machen. Kollokationen sind typische Wortkombinationen wie zum Beispiel *take a walk* = „einen Spaziergang machen". Lernen Sie also in diesem Fall das Verb *take* mit dem Nomen *walk* gleich mit; dann machen Sie später nicht den Fehler, *make a walk* zu sagen. Dieses Buch ermuntert Sie, in Kollokationen und Sätzen zu denken. Die Übungssätze sind alle authentisch und realistisch; d. h., sie wurden von Muttersprachlern in einer realen Situation in dieser Form gesprochen oder geschrieben und sind von hoher Gebrauchshäufigkeit.
- Üben Sie nicht nur mündlich, sondern auch schriftlich; d. h., schreiben Sie Ihre Lösung auf und korrigieren Sie sie auch schriftlich anhand des Schlüssels.
- Wiederholen Sie eine Übung, wenn Sie zu viele Fehler gemacht haben.
- Lernen bzw. üben Sie nicht zu lange an einem Stück! Eine Seite pro Arbeitssitzung ist genug. Sehen Sie in Ihrer Wochenplanung regelmäßige Englischsitzungen vor.

Last but not least: Wenn Ihnen mal nicht einsichtig ist, warum das Buch Ihnen eine bestimmte Lösung anbietet; wenn Sie wissen wollen, ob Ihre abweichende Lösung nicht doch vielleicht ebenfalls richtig ist (oder warum sie falsch ist); oder wenn Sie sonst eine Frage zum Englischlernen haben, besuchen Sie unsere Website englishmaster.de. Von dort können Sie über den *Contact us*-Link eine E-Mail mit Ihrer Frage an uns senden. Sie erhalten dann kostenlos eine persönliche Antwort.

Wir wünschen Ihnen viel Spaß und Erfolg beim Englischlernen.

Hans G. Hoffmann, Marion Hoffmann

Inhaltsübersicht nach Themen

Inhaltsverzeichnis

„Als“ ist längst nicht immer *as*

Als Entsprechungen für deutsch „als“ kommen vor allem die folgenden Wörter in Frage:

as, but, from, than, when

Hauptfehler, die hier gemacht werden, sind:

1. Gebrauch von *as* (statt des meist richtigeren ***when***) zur Einleitung von Nebensätzen der Zeit.
2. Gebrauch von *as* oder *then* (statt des richtigen ***than***) nach Steigerungsformen wie *better, younger* etc.

Setzen Sie die passenden Entsprechungen für „als“ ein.

a) __________ she last saw him, he was still a child.
b) She surprised the hell out of him __________ she said yes.
c) One morning, just __________ she was about to leave, there was a scratch at the door and in walked two cats.
d) In his youth he was employed __________ a gardener at Gordon Castle.
e) I regard you __________ my friend.
f) She's three years older __________ her brother.
g) Research shows that vegetarians are more intelligent __________ meat eaters.
h) I can't do more __________ try.
i) I'd rather die __________ give a speech in public.
j) He's different __________ most of the other kids at his school.
k) It looks __________ if you're right.
l) I've had nothing __________ trouble with this car since I got it.
m) This incident should be taken __________ a warning.

surprise the hell out of someone	jemand verdammt überraschen
be about to do something	im Begriff sein, etwas zu tun
a scratch [skrætʃ] at the door	ein Kratzen an der Tür
employ [ɪm'plɔɪ]	beschäftigen; anstellen
regard [rɪ'gɑːd] as	betrachten als; halten für
research [rɪ'sɜːtʃ] shows	Forschungen haben ergeben
vegetarian [vedʒə'teəriən]	Vegetarier(in)
I'd rather die [daɪ]	ich würde lieber sterben
give a speech in public ['pʌblɪk]	öffentlich eine Rede halten
incident ['ɪnsɪdənt]	Vorfall

„Alle" heißt längst nicht immer *all*

1 Wesentliche Entsprechungen für deutsch „alle" sind *all, everyone / everybody* und *every*.
Bei *all* muss man gelegentlich unterscheiden zwischen einer Konstruktion mit *the* (z. B. *all the dogs*) oder ohne *the* (z. B. *all dogs*):
all dogs = „alle Hunde schlechthin";
all the dogs = „alle Hunde aus einer begrenzten Anzahl".

Übersetzen Sie.

a) Alle Leute lieben ihn.
b) Wir alle lieben ihn.
c) Ich kenne sie nicht alle.
d) Ich kenne sie alle nicht.
e) Es reicht nicht für alle.
f) Dieses Buch ist für alle, die ihr Englisch verbessern wollen.
g) Sie ist ein Vorbild für uns alle.
h) Wie wir alle wissen, hat der Kunde immer Recht.
i) Alle Kinder haben ein Recht auf Bildung.
j) Alle Kinder des Dorfes wurden geimpft.
k) Sie kennt alle Schüler, und alle Schüler kennen sie.
l) Alle Bürger sind vor dem Gesetz gleich.
m) Sie buchstabierte alle Wörter richtig.
n) Alle Straßen führen nach Rom.
o) Bei Nacht sind alle Katzen grau.
p) Er kommt alle vierzehn Tage.
q) Er kommt alle halbe Jahre.

improve [ɪm'pruːv]	verbessern (→ S. 77)
be an example [ɪg'zɑːmpl] to someone	für jemand ein Vorbild sein
customer ['kʌstəmə]	Kunde, Kundin
be right [raɪt]	Recht haben
be entitled [ɪn'taɪtld] to something	ein Recht auf etwas haben
education [edju'keɪʃn]	Bildung
village ['vɪlɪdʒ]	Dorf
vaccinate ['væksɪneɪt]	impfen
citizen ['sɪtɪzən]	Bürger(in)
before the law [lɔː]	vor dem Gesetz
spell (– spelled/spelt – spelled/spelt)	buchstabieren
by / at night	bei Nacht

„Alles“: Ende gut, alles gut

All's well that ends well ist das entsprechende englische Sprichwort. Shakespeare (1564–1616) hat es so gefallen, dass er eine seiner Komödien danach benannt hat.
Aber *all* ist nicht die einzige Entsprechung für „alles“; es gibt auch noch *everything* und *anything* – das letztere vor allem in der Bedeutung „alles / jedes x-beliebige“.

Übersetzen Sie.

a) Hast du denn alles vergessen?
b) Ich sagte ihr alles, was ich wusste.
c) Geld ist nicht alles.
d) Alles hat seine Zeit.
e) Alles, was sie sagt, stimmt.
f) Ich habe dir alles gesagt, was ich weiß.
g) Das ist alles, was ich weiß.
h) Ist das alles, was Sie an Gepäck haben?
i) Bei eBay kann man alles kaufen oder verkaufen.
j) Ich würde alles für dich tun.
k) Diese Leute sind zu allem fähig.
l) Ich liebe dich über alles.
m) Er ist alles, nur kein Held.
n) Alles in allem bin ich mit der Qualität dieses Druckers sehr zufrieden.
o) Es ist nicht alles Gold, was glänzt.

forget – forgot – forgotten	vergessen – vergaß – vergessen
know [nəʊ] – knew [nju:] – known [nəʊn]	wissen – wusste – gewusst
it's true [tru:]	es stimmt
luggage ['lʌgɪdʒ] / baggage ['bægɪdʒ]	Gepäck
buy [baɪ] or sell [sel]	kaufen oder verkaufen
be capable ['keɪpəbl] of something	einer Sache fähig sein
hero ['hɪərəʊ]	Held
quality ['kwɒləti]	Qualität
printer ['prɪntə]	Drucker
be pleased [pli:zd] with something	mit etwas zufrieden sein
glitter ['glɪtə]	glitzern

He who denies all confesses all. (*Proverb*)
Wer alles leugnet, gesteht alles. (Sprichwort)

Idioms: Wenn jemand den Speck nach Hause bringt

1

Ein *idiom* ist eine bildhafte Redensart, deren Gesamtbedeutung nicht der Summe der Bedeutungen der einzelnen Wörter entspricht: *If you take the bull by the horns*, wenn Sie also den Stier bei den Hörnern packen, dann ist in Wirklichkeit gar kein Stier mit Hörnern da, sondern ein Problem, dem Sie sich direkt, ohne Umschweife und mutig stellen.
Hier nun einige geläufige *idioms*.

Ordnen Sie dem *idiom* in der linken Spalte jeweils die passende Erklärung zu.

a) She brings home the bacon.
b) She easily flies off the handle.
c) She has both feet on the ground.
d) She hasn't got a leg to stand on.
e) She keeps a low profile.
f) She keeps her own counsel.
g) She rubs me up the wrong way.
h) She runs a tight ship.
i) She runs rings around him.
j) She's not going to set the world on fire.
k) She's thrown her hat in the ring.

a) She avoids attracting attention.
b) She can't prove that what she says is right.
c) She doesn't say what she thinks.
d) She manages things strictly and effectively.
e) She often loses her temper.
f) She says things that annoy me.
g) She's a candidate.
h) She's much better than him.
i) She's not particularly good.
j) She's practical and sensible.
k) She's the breadwinner.

bacon ['beɪkən]	Speck
avoid [ə'vɔɪd] doing something	es vermeiden, etwas zu tun
attract attention [ə'trækt ə'tenʃn]	die Aufmerksamkeit auf sich lenken
fly off the handle ['hændl]	„vom Griff wegfliegen"
prove [pru:v]	beweisen
strict(ly) and effective(ly) [ɪ'fektɪv(li)]	streng und effektiv
lose [lu:z] one's temper	die Beherrschung verlieren
counsel ['kaʊnsəl]	Rat
annoy [ə'nɔɪ]	ärgern
rub [rʌb]	reiben
run a tight ship ['taɪt 'ʃɪp]	ein Schiff streng führen
not particularly [pə'tɪkjʊləli] good	nicht besonders gut
set something on fire	etwas in Brand setzen
sensible ['sensəbl]	vernünftig ⚠
throw [əʊ] – threw [u:] – thrown [əʊ]	werfen – warf – geworfen
breadwinner ['bredwɪnə]	Ernährer(in) (*der Familie etc.*)

Multiple choice: Ähnliche Wörter und andere falsche Freunde

Multiple choice tests – also Antwortauswahl-Tests – sind besonders an amerikanischen Schulen beliebt. Für uns sind sie hier eher ein etwas leichterer Zeitvertreib, bei dem Sie mit vier ähnlich klingenden oder mitunter falsch gebrauchten Wörtern in Fehlerversuchung geführt werden und im Endeffekt vielleicht ein paar nützliche Wörter hinzulernen.

Wählen Sie das richtige Wort aus.

a) He was __________ of murder and sentenced to life imprisonment.
converted · convicted · convinced · persuaded

b) The police were __________ that he had committed the murder.
confirmed · converted · convinced · induced

c) They __________ a walk in the woods.
did · made · took · went

d) Sorry, I can't talk about it right now – I have a bus to __________.
catch · drive · get · take

e) I must have __________ a cold while waiting at the bus stop.
caught · fetched · got · taken

f) The committee __________ the view that no changes needed to be made.
came to · constituted · represented · took

g) They __________ about the problem of global warming.
discussed · spoke · talked · told

h) We need to __________ a lifestyle that's in harmony with our natural surroundings.
abide · adapt · adept · adopt

i) Rising health care costs __________ all of us.
affect · effect · prefer · refer

j) Global warming is going to have an __________ on all of us.
affect · effect · issue · outcome

convict [kən'vɪkt] someone of murder	jemand des Mordes schuldig sprechen
sentence someone to life imprisonment [ɪm'prɪznmənt]	jemand zu einer lebenslangen Freiheitsstrafe verurteilen
commit [kə'mɪt] a murder	einen Mord begehen
committee [kə'mɪti]	Ausschuss; Komitee
take the view [vju:] that ...	die Ansicht vertreten, dass ...
global warming [gləʊbl 'wɔ:mɪŋ]	(die) Erderwärmung
our natural surroundings [sə'raʊndɪŋz]	unsere natürliche Umgebung
affect [ə'fekt] someone	jemand betreffen / schaden

„Bekommen": Mit *get* liegen Sie meistens richtig

1

Das ist eines der ersten Dinge, die man lernt: „bekommen" ist nicht *become*. Trotzdem schleicht sich dieser total falsche Freund immer wieder mal ein (*she became a baby*), und überhaupt ist es nützlich, zu sehen, wie das häufig gebrauchte Verb „bekommen" im Englischen ausgedrückt wird – meistens (aber nicht immer!) mit *get*!

Übersetzen Sie.

a) Wo haben Sie das bekommen?
b) Ich habe neulich einen Brief von ihr bekommen.
c) Was hast du denn zum Geburtstag bekommen?
d) Arbeit ist hier schwer zu bekommen.
e) Ich kann ihn nicht dazu bekommen, morgens etwas zu essen.
f) Wir mussten ihn aus dem Wasser herausbekommen.
g) Sie bekommt ein Kind.
h) Du wirst eine Erkältung bekommen, wenn du da sitzt.
i) Du bekommst noch 50 Euro von mir.
j) Ich bekomme langsam Hunger.
k) Die Kinder bekamen Angst und rannten weg.
l) Schließlich bekamen sie Heimweh und kehrten zurück nach Irland.
m) Milch bekommt mir nicht.

the other day [ði ʌðə 'deɪ]	neulich
birthday ['bɜːθdeɪ]	Geburtstag
in the morning ['mɔːnɪŋ]	am Morgen; morgens
have a baby ['beɪbi]	ein Kind bekommen
catch (a) cold	eine Erkältung bekommen
sit – sat – sat	sitzen – saß – gesessen
get hungry ['hʌŋgri]	Hunger bekommen
child [tʃaɪld] – children ['tʃɪldrən]	Kind – Kinder
get scared [skeəd]	Angst bekommen
run away [rʌn ə'weɪ]	wegrennen
eventually [ɪ'ventʃuəli]	schließlich
get homesick ['həʊmsɪk]	Heimweh bekommen
return [rɪ'tɜːn] to	zurückkehren nach
Ireland ['aɪələnd]	Irland
pork doesn't agree [ə'griː] with me	Schweinefleisch bekommt mir nicht

Phrasal verbs: Verben, wie der Engländer sie mag

Ja, zusammengesetzte Verben wie *drop by* (= vorbeikommen) oder *put off* (= aufschieben) sind im Englischen außerordentlich häufig und beliebt. Für Muttersprachler sind sie elegant, modern, lässig, einfach zu gebrauchen – aber das letztere sind sie gerade für Ausländer nicht, die tun sich leichter mit „Einwortverben" wie *visit* oder *postpone*.
Wir können hier nicht alle *phrasal verbs* auflisten, geschweige denn üben – dafür brauchten wir ein Buch von tausend Seiten. Aber die nachstehende Übung kann Ihnen die *phrasal verbs* ein wenig näher bringen.

Ersetzen Sie die *phrasal verbs* in den folgenden Sätzen durch Ausdrücke aus der nachstehenden Liste in der korrekten Form.

address, be about, bully, discover, extinguish, happen to find, invent, like, obtain, overcharge, reduce, return, rise, tolerate, visit

a) Their salesman calls on us twice a month.
b) I don't care for this band and their songs.
c) As I cleared out my cupboards, I came across some old photos.
d) How did you come by this beautiful picture?
e) We'll have to cut back on our spending.
f) The article deals with the role of women in Egyptian society.
g) We went back to the cave the next day.
h) Prices are going up at an alarming rate.
i) The government thinks it has hit on the best way to promote growth and reduce poverty.
j) I made up a story about two lions walking along Broadway in New York.
k) Smaller children are often pushed around by the bigger ones.
l) Firefighters quickly put out the fire.
m) I don't think I would have put up with such behaviour.
n) In many tourist spots the local people make a living by ripping off tourists.
o) There are a lot of difficult issues that have to be sorted out.

clear out cupboards ['kʌbədz]	Schränke ausräumen
cut back on our spending	unsere Ausgaben einschränken
deal with the role of women ['wɪmɪn]	die Rolle der Frauen behandeln
cave [keɪv]	Höhle
at an alarming [ə'lɑ:mɪŋ] rate	in alarmierender Weise
promote growth [prəməʊt 'grəʊθ]	das Wachstum fördern
rip off tourists ['tʊərɪsts]	Touristen abzocken
sort out difficult issues ['ɪʃu:z]	schwierige Probleme lösen

Street oder *road?* Die *Oxford Street* führt nicht nach Oxford

Streets sind in der Stadt, zwischen Häusern – sie haben Bürgersteige (*pavements* BE / AE *sidewalks*), Geschäfte etc.:
We live in / on Russell Street.
Der deutschen „Hauptstraße“ entspricht BE *High Street* (*the shoe shop in the High Street*) und AE *Main Street* (*the shoe store on Main Street*).
Roads hingegen sind Verkehrswege, die irgendwo hinführen:
the Dover road (= die Straße nach Dover).
Viele *roads*, die sich ursprünglich zwischen Orten befanden, sind heute durch die Ausbreitung der Städte mitten in der Stadt. *Edgware Road* (= die Straße nach Edgware) z. B. ist heute ein Londoner Straßenname:
Her office is in / on Edgware Road. (Londoner sagen auch: *in / on the Edgware Road*).

Setzen Sie *street(s)* oder *road(s)* ein.

a) What we need is not more __________ but fewer cars.
b) Our car broke down on the __________ to Kimberley.
c) There’s no place to park on the __________ where we live.
d) There are many quaint old houses on our __________.
e) A shower drove us to take shelter in a farmhouse by the __________.
f) The sight of children playing in the __________ has become rare in our cities.
g) I feel safe walking the _________ of my neighbourhood alone after dark.
h) Despite impressive average incomes, Asian immigrants are by no means living on easy __________.
i) (*Proverb:*) The __________ to hell is paved with good intentions.
j) (*Proverb:*) Better have a friend on the __________ than gold or silver in your purse.

fewer cars [fju:ə 'kɑ:z]	weniger Autos
break down (– broke – broken)	eine Panne haben
quaint old houses ['haʊzɪz]	malerische alte Häuser
drive [aɪ] – drove [əʊ] – driven [ɪ]	treiben – trieb – getrieben
take shelter ['ʃeltə]	sich unterstellen
impressive [ɪm'presɪv]	eindrucksvoll; beachtlich
average income [ævərɪdʒ 'ɪnkʌm]	Durchschnittseinkommen
by no means [mi:nz]	keineswegs; durchaus nicht
live on easy street ['i:zi stri:t]	ein leichtes Leben haben
paved [peɪvd] with good intentions	mit guten Absichten gepflastert
purse [pɜ:s]	Geldbeutel

Präpositionen – die endlose Fehlerquelle

Präpositionen werden im Englischen häufig anders gebraucht als im Deutschen. Dieses Buch enthält zahlreiche Präpositionsübungen, in denen die meisten kritischen Fälle erfasst sind. Am besten schreiben Sie sich besonders fehleranfällige und für Sie wichtige Fügungen heraus, also zum Beispiel: ***in** a low voice* = „**mit** leiser Stimme".

Setzen Sie jeweils eine der folgenden Präpositionen ein.

at, by, for, from, in, on, with

a) Columbus discovered America __________ accident.
b) We learn __________ experience.
c) The house is __________ fire!
d) We're going __________ holiday next week.
e) When she heard the good news, she wept __________ joy.
f) He dropped out of college __________ lack of money.
g) The issue was discussed __________ length.
h) She played the sonata __________ memory.
i) Police officers are suspicious __________ nature.
j) He studies during the day and works __________ night.
k) She's a teacher __________ profession.
l) Some of the wounded were screaming __________ pain.
m) Louis won the fight __________ points.
n) God knows how many died while the dictator was __________ power.
o) They say they didn't shoot him __________ purpose.
p) Our flight arrived __________ schedule.

by accident ['æksɪdənt]	durch Zufall; zufällig
discover [dɪ'skʌvə]	entdecken
experience [ɪk'spɪəriəns]	Erfahrung
weep – wept – wept	weinen – weinte – geweint
drop out of college ['kɒlɪdʒ]	das Studium abbrechen
lack of money ['mʌni]	Geldmangel
issue ['ɪʃuː]	Thema; Frage; Problem (→ S. 31)
suspicious [sə'spɪʃəs]	misstrauisch
the wounded ['wuːndɪd] ⚠	die Verwundeten
scream [skriːm]	schreien
on purpose ['pɜːpəs]	mit Absicht
on schedule ['ʃedjuːl]	planmäßig

„Laufen" Crossword

In den folgenden Sätzen fehlen die Wörter, die eine Form von „laufen" ausdrücken. Beispiel:
Last year, she __________ her first marathon in 5 hours and 37 minutes.
Hier fehlt das Wort *ran*, das Sie also an der betreffenden Stelle im *Crossword* einsetzen.

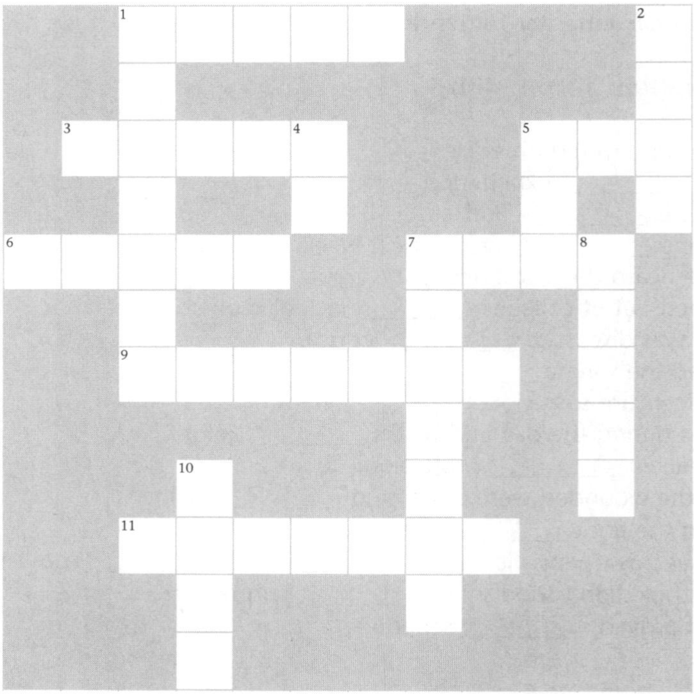

ACROSS

1 This product __________ well in the United States.
3 Everything is __________ well.
5 The program doesn't __________ on my computer.
6 Time __________ and we can do nothing to stop it.
7 He __________ like the wind.
9 The water is __________ into my shoes.
11 After __________ half the distance we stopped to rest.

DOWN

1 At which cinema is the film __________?
2 Everything __________ according to plan.
4 We'll have to wait and see how things __________.
5 She jumped up and __________ out of the room.
7 My nose was __________ like a faucet.
8 You can't just let things __________.
10 You can __________ to the station.

„Eigen“: ein Stolperstein besonderer Art

Im Englischen besteht grammatisch ein gewaltiger Unterschied zwischen „ihr eigenes Haus“ (*their own house*) und „ein eigenes Haus“ (*a house of their own*). Nach einem Nomen mit vorangehendem *a(n)* muss also die Konstruktion *of my/your/his/her/its/our/their own* stehen!

2

Beachten Sie das bei der Übersetzung der folgenden Beispiele.

a) Es war meine eigene Schuld.
b) Er ist ein Opfer seines eigenen Erfolgs.
c) Ich ziehe es vor, in meinem eigenen Bett zu schlafen.
d) Kümmere dich um deine eigenen Angelegenheiten!
e) Wir sahen mit eigenen Augen, was da passierte.
f) Sie bezahlten alles aus eigener Tasche.
g) Dies ist mein eigener Computer.
h) Ich habe einen eigenen Computer.
i) Sie hat ihre eigenen Talente.
j) Sie hat eigene Talente.
k) Bis zum Alter von 105 Jahren lebte sie in ihrer eigenen Wohnung.
l) Sie hatte genug Geld gespart, um in eine eigene Wohnung zu ziehen.
m) Unsere Katze ist sehr eigen mit ihrem Futter.

it's my fault [fɔ:lt]	es ist meine Schuld
victim ['vɪktɪm]	Opfer
success [sək'ses]	Erfolg
prefer [prɪ'fɜ:] to do something	es vorziehen, etwas zu tun
mind one's own business ['bɪznɪs]	sich um seine eigenen Angelegenheiten kümmern
what has happened?	was ist passiert?
pay for something ⚠	eine Sache bezahlen
up to the age [eɪdʒ] of 105	bis zum Alter von 105 Jahren
flat *BE* / *AE* apartment	(Etagen-)Wohnung
save money ['mʌni]	Geld sparen
move [mu:v] into a flat	in eine Wohnung ziehen
be particular about something	mit etwas eigen sein; es sehr genau mit etwas nehmen
the cat's food [fu:d] ⚠	das Futter der Katze

➧ Aussprache der Buchstabenverbindung *ove*: *love* [ʌ] (= Liebe), *drove* [əʊ] (= fuhr), *move* [u:] (= bewegen), *novel* [ɒ] (= Roman).

„Leicht" – „schwer": *The right word is sometimes hard to find*

Der Linguist stellt die Frage so: Welche Kollokationen sind hier die geläufigsten? Mit anderen Worten: Kann man von *a serious bag* oder *an easy delay* sprechen? Nein, normalerweise nicht. Es gibt eben Wortverbindungen, die häufig verwendet werden (Kollokationen), und solche, die nur ein Dichter oder ein Spaßvogel benutzt, so wie etwa Shakespeare von *loving hate* („liebender Hass") oder *heavy lightness* („schwere Leichtheit") spricht. Da wäre also *a serious bag* und *an easy delay* durchaus erlaubt, nicht aber bei uns normalen Sprachbenutzern, die wir uns bemühen, das Englische konventionell-richtig zu gebrauchen.

Was also ist „leicht" oder „schwer" in den folgenden Kollokationen? Wählen Sie aus:

easy / easily, light(ly), slight(ly), scanty / scantily
difficult, grave, hard, heavy / heavily, serious(ly), severe(ly)

a) eine leichte Tasche
b) eine leichte Aufgabe
c) eine leichte Lektüre
d) eine leichte Verzögerung
e) leichte Kopfschmerzen
f) leichter Regen
g) leicht zu verstehen
h) leicht getan
i) leichter gesagt als getan
j) leicht verletzt
k) leicht bekleidet
l) eine schwere Tasche
m) eine schwere Aufgabe
n) schwere Zeiten
o) eine schwere Krankheit
p) ein schwerer Fehler
q) ein schwerer Schlag
r) schwer zu sagen
s) schwer arbeiten
t) schwer bewaffnet
u) schwer verletzt

bag [bæg]	Tasche
task [tɑːsk]	Aufgabe
reading ['riːdɪŋ]	Lektüre
delay [dɪ'leɪ]	Verzögerung
a headache ['hedeɪk]	Kopfschmerzen
injured ['ɪndʒəd]	verletzt
clad [klæd] / dressed [drest]	bekleidet
illness ['ɪlnəs]	Krankheit
mistake [mɪ'steɪk]	Fehler
blow [bləʊ]	Schlag
armed [ɑːmd]	bewaffnet

Kollokationen: *Colourless green ideas sleep furiously*

Was Kollokationen sind, haben wir gerade auf der vorigen Seite (→ S. 20) erfahren. In der Überschrift zitieren wir einen berühmten Satz des Linguisten Chomsky (1928–), mit dem er veranschaulicht, dass eine Formulierung zwar grammatisch richtig, dabei aber logisch und kollokativ unsinnig sein kann: „Farblose grüne Ideen schlafen wütend.“ Wir aber haben es nicht mit „wütend schlafenden farblos-grünen Ideen“, sondern wollen in den folgenden Sätzen jeweils das zum Bezugswort am besten passende Verb einsetzen.

2

Setzen Sie das jeweils passendste Verb in der richtigen Form ein.

give, have, keep, make, play, run, suffer, take, take out

a) Everyone needs to stop and __________ a break every now and then.
b) It's very difficult to __________ a living by freelance writing.
c) Every time I book a trip, the travel agent recommends that I __________ travel insurance.
d) I __________ A levels in History, Art and English and studied History at Stirling University.
e) They have until the 15th of April to __________ us their decision.
f) What sports did you __________ in high school?
g) Professional sport __________ enormous demands on the body.
h) He lived in the wilderness with only a dog to __________ him company.
i) I like to cook but I don't think I'd be any good at __________ a restaurant.
j) She __________ a number of operations as a child.
k) She's not a woman who __________ fools gladly.

everyone ['evriwʌn]	jeder
needs [ni:dz] to stop	muss mal innehalten
break [breɪk]	Pause
every now and then	ab und zu; hin und wieder
living ['lɪvɪŋ]	Lebensunterhalt
freelance ['fri:lɑ:ns] writing	freiberufliches Schreiben
the travel agent ['trævl eɪdʒənt]	das Reisebüro
recommend [rekə'mend]	empfehlen
travel insurance [ɪn'ʃʊərəns]	(eine) Reiseversicherung
A levels ['eɪ levlz]	*BE* ≈ Abitur
decision [dɪ'sɪʒn]	Entscheidung
enormous [ɪ'nɔ:məs] demands [dɪ'mɑ:ndz]	enorme Anforderungen
she doesn't suffer fools gladly	sie kann Dummköpfe nicht vertragen

News in the silly season

The silly season, „die alberne Jahreszeit“ nennt man in England die Ferienzeit im Sommer, wenn alle Leute im Urlaub sind und sich nichts Wichtiges ereignet – die Saure-Gurken-Zeit. Die Zeitungen müssen trotzdem ihre Seiten füllen, und das tun sie dann mit *human interest stories* wie der folgenden.

Ersetzen Sie die unterstrichenen Verben durch andere mit ähnlicher Bedeutung (und in der passenden Form!) aus der folgenden Liste.

deposit, disappear, inform, load, make, pack, remove, renovate, take

Dustmen dump bride's presents

BRIDE EMILY BELL WAS SHATTERED WHEN HER WEDDING PRESENTS WERE CARTED AWAY – BY DUSTMEN

EMILY, 23, and her husband, Oliver, had stored the gifts in their yard while they decorated their new home. They had carefully placed about £2,000 worth of cutlery, crockery and glasses in cartons.

But when they went out to bring them back in, the boxes had gone.

Heartbroken, Emily said last night: “A neighbour told us she saw the refuse collectors taking them. We put in a claim for compensation, but the council's insurers more or less told us the cartons shouldn't have been left near the dustbin.”

dustman ['dʌstmən] (*Pl.* -men [mən])	*BE* Müllmann
dump [dʌmp]	abladen; (*hier:*) zur Müllkippe mitnehmen
present ['preznt] / gift [gɪft]	Geschenk
shattered ['ʃætəd]	am Boden zerstört
wedding ['wedɪŋ]	Hochzeit
cart away [kɑːt ə'weɪ]	abtransportieren
store something [stɔː]	etwas lagern
yard [jɑːd]	*BE* Hof
decorate ['dekəreɪt]	*BE* streichen und tapezieren
place in cartons ['kɑːtnz]	in Kartons verstauen
cutlery ['kʌtləri]	*BE* Besteck
crockery ['krɒkəri]	Geschirr
the boxes had gone [gɒn] ⚠	die Kartons waren weg
the refuse ['refjuːs] collectors	*BE* die Leute von der Müllabfuhr
put in a claim for compensation	Schadenersatz beantragen
the council's insurers [ɪn'ʃʊərəz]	die Vẹrsicherung der Stadtverwaltung
dustbin ['dʌstbɪn]	*BE* Mülltonne

„Werden“ – Ich dachte, ich werd' nicht mehr ...

Das Verb „werden“ gehört zu den 30 häufigsten der deutschen Sprache; wir gebrauchen es mit Nomen, Adjektiven und Verben (und gelegentlich salopp-idiomatisch, wie in der Überschrift). Wir machen uns kaum Gedanken, wann und wie wir „werden“ benutzen, aber im Englischen müssen wir es, da es eine ganze Reihe von Entsprechungen gibt: vor Nomen oft *become*; vor Adjektiven oft *get*, aber auch *become*; für allmähliches Werden oft *grow*; für plötzliches vielleicht *turn*; im Passiv eine Form von *be* (*am, is, are, was, were, have been* etc.) Darüber hinaus gibt es auch ein paar idiomatische Fügungen wie zum Beispiel *go crazy* und *go mad*, aber so ein deutsches *idiom* wie „ich dachte, ich werd' nicht mehr“ hat überhaupt keine direkte Entsprechung; man müsste es mit einem anderen Bild ausdrücken, etwa so: *You could have knocked me down with a feather.*

2

Übersetzen Sie.

a) Ihr Sohn wurde ein berühmter Musiker.
b) Was willst du werden, wenn du erwachsen bist?
c) Er wurde sehr böse.
d) Ich konnte sehen, dass er böse wurde.
e) Wir gehen besser. Es wird spät.
f) Die wirtschaftliche Lage ist sehr schwierig geworden.
g) Dein Tee wird kalt.
h) Es wird täglich schlimmer.
i) Ich werde langsam müde.
j) Bist du verrückt geworden?
k) Sie wird nächstes Jahr 80.
l) Sie ist gerade 20 geworden.
m) Ich werde nicht krank werden!
n) Alle Systeme werden zweimal jährlich überprüft.
o) Der Mann wird zur Zeit von der Polizei verhört.
p) Das Buch wurde in mehrere Sprachen übersetzt.
q) Er ist zu fünf Monaten Gefängnis verurteilt worden.

a famous musician [mju'zɪʃn]	ein berühmter Musiker
he was very angry ['æŋgri]	er war sehr böse / wütend
the economic situation [sɪtju'eɪʃn]	die wirtschaftliche Lage
worse [wɜːs]	schlimmer; schlechter
check the systems ['sɪstəmz]	die Systeme überprüfen
question ['kwestʃən] someone	jemand verhören
translate into several languages	in mehrere Sprachen übersetzen
sentence to five months in prison ['prɪzn]	zu fünf Monaten Gefängnis verurteilen

Sprichwörter: Wenn man Omelettes macht, fallen Späne

Sprichwörter (= *proverbs* ['prɒvɜːbz]) sind Lebensweisheiten, die zumeist seit Jahrhunderten, vielleicht Jahrtausenden, in einer Kultur weitergegeben werden. Oft werden sie in Bildern, also metaphorisch, ausgedrückt: *Too many cooks spoil the broth* (= Zu viele Köche verderben die Brühe bzw. Suppe). Was gesagt werden soll, gilt ja nicht nur in der Küche, sondern überhaupt im Leben: *The quality of work does not necessarily increase with the number of people doing it.*

Im Fall der zu vielen Köche hat das deutsche Sprichwort fast das gleiche Bild wie das englische, nur die Brühe ist durch Brei ersetzt: „Viele Köche verderben den Brei."

Es gibt aber auch englische Sprichwörter, die eine Lebenserfahrung in ein ganz anderes Bild kleiden als das entsprechende deutsche Sprichwort: *You cannot make an omelette without breaking eggs* (≈ Wo gehobelt wird, fallen Späne).

Nicht alle Sprichwörter sind so alt wie das von den Köchen oder Spänen. Jede Generation gewinnt neue Erfahrungen, die – prägnant formuliert – ebenfalls zu Sprichwörtern werden, in unserer Zeit zum Beispiel die aus der Datenverarbeitung stammende Einsicht *Garbage in, garbage out* (= Wenn man in den Computer Müll, also Unsinn, eingibt, kommt auch Unsinn heraus).

Im Folgenden finden Sie zwei Listen:

1. links alphabetisch geordnet eine Liste **englischer** Sprichwörter,
2. rechts alphabetisch geordnet eine Liste **deutscher** Sprichwörter.

Einem englischen Sprichwort entspricht jeweils ein deutsches mit anderem Bild, aber etwa gleicher Aussage.

Ordnen Sie die Sprichwörter einander zu.

1. A bird in the hand is worth two in the bush.	1. Alles hat seinen Preis.
2. Birds of a feather flock together.	2. Der Spatz in der Hand ist besser als die Schwalbe auf dem Dach.
3. Charity begins at home.	3. Der Zweck heiligt die Mittel.
4. Dog does not eat dog.	4. Ehre wem Ehre gebührt.
5. Don't count your chickens before they are hatched.	5. Ein Unglück kommt selten allein.
6. Don't put all your eggs in one basket.	6. Eine Krähe hackt der anderen kein Auge aus.
7. Easy come, easy go.	7. Gleich und gleich gesellt sich gern.

8. Every man is the architect of his own fortune.	8. Jeder ist seines Glückes Schmied.
9. Fine feathers make fine birds.	9. Jeder ist sich selbst der Nächste.
10. Give credit where credit is due.	10. Kleider machen Leute.
11. It never rains but it pours.	11. Man soll den Tag nicht vor dem Abend loben.
12. It's too late to shut the stable door after the horse has bolted.	12. Man soll nicht alles auf eine Karte setzen.
13. Like father, like son.	13. Morgenstund' hat Gold im Mund.
14. The early bird catches the worm.	14. Probieren geht über Studieren.
15. The end justifies the means.	15. Wenn das Kind in den Brunnen gefallen ist, deckt man ihn zu.
16. The proof of the pudding is in the eating.	16. Wie der Herr, so's Gescherr.
17. There's no such thing as a free lunch.	17. Wie gewonnen, so zerronnen.

worth [wɜːθ]	wert
bush [bʊʃ] ⚠	Busch; Strauch; Gebüsch
birds of a feather ['feðə]	(*etwa:*) Vögel mit gleichem Federkleid
flock together [tə'geðə]	sich scharenweise zusammenfinden
charity ['tʃærəti]	Mildtätigkeit; (tätige) Nächstenliebe
hatch [hætʃ]	ausschlüpfen; ausbrüten
basket ['bɑːskɪt]	Korb
architect ['ɑːkɪtekt]	Architekt(in)
fortune ['fɔːtʃən]	Glück; Schicksal; Geschick
credit ['kredɪt]	Anerkennung
be due (to someone)	(jemandem) zustehen
pour [pɔː]	gießen
stable ['steɪbl]	(Pferde-)Stall
bolt [bəʊlt]	weglaufen; (*Pferd:*) durchgehen
catch [kætʃ] – caught [ɔː] – caught	fangen – fing – gefangen
worm [wɜːm] ⚠	Wurm; Made
end [end]	Zweck; Ziel
the means [miːnz]	das/die Mittel
proof [pruːf]	Beweis
pudding ['pʊdɪŋ] ⚠	(*BE*) warme, süße Nachspeise
free [friː]	kostenlos
lunch [lʌntʃ]	(Mittag-)Essen

Wie man „ung"- und „keit"-Wörter übersetzt

Deutschen Nomen auf „ung" oder „keit" entspricht im Englischen oft eine verbale Konstruktion:

2

Eine kommerzielle **Nutzung** des Materials ist nicht zulässig.	The material may not **be used** for commercial purposes.

Versuchen Sie bei der Übersetzung der folgenden Sätze statt des fett gedruckten Nomens ein Verb zu benutzen.

a) Für die **Beantwortung** der Fragen stehen Ihnen 60 Minuten zur **Verfügung**.
b) Die Dinge haben eine völlig unerwartete **Entwicklung** genommen.
c) Wie ist die **Entscheidung** ausgefallen?
d) Das ist keine **Erklärung** für sein Verhalten.
e) Ich bin der **Meinung**, dass es sich hier um ein Missverständnis handelt.
f) Wir haben die **Erfahrung** gemacht, dass viele Kunden diese Art von Service begrüßen.
g) Diese Chemikalien finden oft zur **Herstellung** von Bomben **Verwendung**.
h) Die Behörden arbeiten an einer **Lösung** dieses Problems.
i) Diese Gebäude lassen sich nicht für die **Unterbringung** von Gefangenen nutzen.
j) Wir setzten uns sofort mit der Bank in **Verbindung**.
k) Die **Verständigung** mit diesen Patienten ist oft schwierig.
l) Er betonte die **Wichtigkeit** von Verhandlungen.

develop [dɪ'veləp] in an unexpected way	eine unerwartete Entwicklung nehmen
explain someone's behaviour [bɪ'heɪvjə]	jemandes Verhalten erklären
misunderstanding [mɪsʌndə'stændɪŋ]	Missverständnis
we have found [faʊnd]	wir haben die Erfahrung gemacht
welcome / appreciate [ə'priːʃieɪt] sth	etwas begrüßen
chemical ['kemɪkl]	Chemikalie
build bombs [bɪld 'bɒmz]	Bomben herstellen
the authorities [ɔː'θɒrətiz]	die Behörden
solve a problem ['prɒbləm]	ein Problem lösen
house [haʊz]⚠ prisoners ['prɪznəz]	Gefangene unterbringen
contact ['kɒntækt] someone	sich mit jemand in Verbindung setzen
communicate with someone	sich mit jemand verständigen
negotiate [nɪ'gəʊʃieɪt]	verhandeln

Multiple choice: Wörter, die man leicht verwechselt

Nur eine der jeweils vier Möglichkeiten macht Sinn.

Welches Wort passt?

2

a) She's the __________ owner of the company.
alone · lonely · single · sole
b) You can't leave the child __________ at home.
alone · lonely · single · sole
c) It's tough being a __________ parent.
alone · lonely · single · sole
d) Her husband's illness left her __________ and despairing at times.
alone · lonely · single · sole
e) If the backpack is too __________, it can lead to injuries to the back and shoulders.
difficult · heavily · heavy · tough
f) If the task is too __________, the child will give up.
difficult · hardly · heavily · heavy
g) Diphtheria is a very __________ disease.
earnest · heavy · series · serious
h) Most people are much too __________ to believe such nonsense.
sensible · sensibly · sensitive · sensitively
i) If you have __________ skin, you should avoid the sun whenever possible.
sensible · sensibly · sensitive · sensitively

single ['sɪŋgl]	einzige(r, s); alleinerziehend
sole [səʊl]	einzig; alleinig
it's tough [tʌf]	es ist hart / schwierig
parent ['peərənt]	Elternteil
despairing [dɪ'speərɪŋ]	verzweifelt
at times [ət 'taɪmz]	manchmal
backpack ['bækpæk]	Rucksack
injuries ['ɪndʒəriz] to the back	Verletzungen am Rücken
tough [tʌf]	hart; zäh
task [tɑːsk]	Aufgabe
diphtheria [dɪf'θɪəriə]	Diphtherie
disease [dɪ'ziːz]	(*eine bestimmte*) Krankheit
sensible ['sensəbl]	vernünftig
sensitive ['sensətɪv]	sensibel; empfindlich
avoid [ə'vɔɪd] the sun	die Sonne meiden

Antonym Crossword

Antonyms ['æntənɪmz] sind Gegensatzwörter wie zum Beispiel *black – white, father – mother* etc.

2

Tragen Sie in das *Crossword* jeweils das Antonym des unterstrichenen Wortes ein.

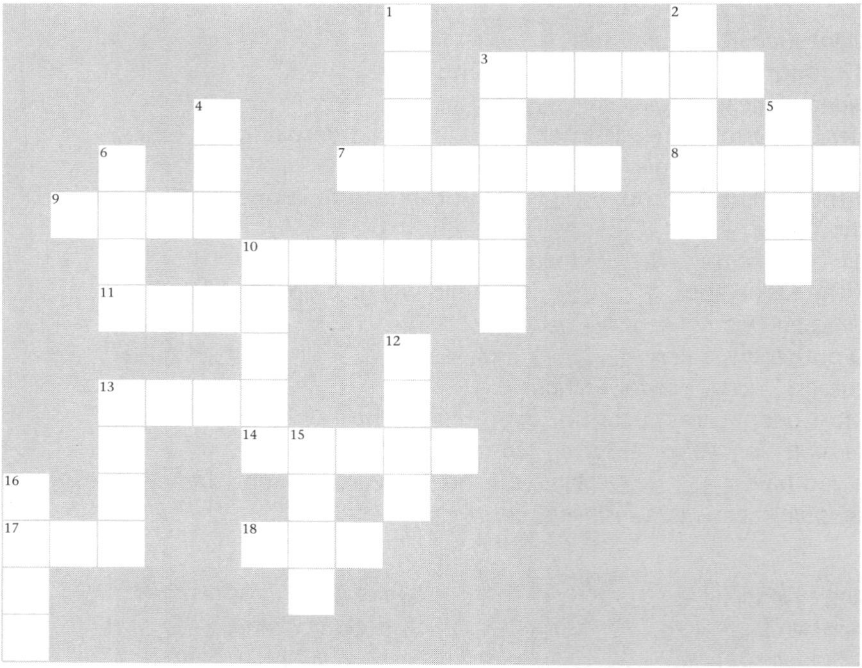

ACROSS

3 a clever remark
7 a weak argument
8 a short person
9 an industrious student
10 a dim light
11 an interesting book
13 fat meat
14 soft treatment
17 a young man
18 an old shirt

DOWN

1 a rough skin
2 clean clothes
3 a rough surface
4 a wet surface
5 a fast car
6 a soft drink
10 a sharp knife
12 a low wall
13 a soft voice
15 a closed door
16 a good example

„Einzig“ – Als ob das unser einziges Problem wäre ...

... *as if that was our only problem* (oder *issue,* wie man neuenglisch-euphemistisch heute manchmal sagt, → S. 31). Nein, in der Tat, wir wollen uns hier mit dem ganzen Komplex „einzig“ – „einzeln“ – „Einzel-“ – „für sich“ befassen. Die englischen Entsprechungen machen da manchmal Schwierigkeiten.

Übersetzen Sie.

a) Eric war ihr einziges Kind.
b) Eric war ein Einzelkind.
c) Eric ist immer ein Einzelgänger gewesen.
d) Geld ist nicht unsere einzige Sorge.
e) Es ist das Einzige, was wir tun können.
f) Wir sind nicht die Einzigen, die das denken.
g) Es fehlte kein einziges Stück.
h) Ich erinnere mich an jedes einzelne Wort.
i) Die Kinder kamen einzeln herein.
j) Der Einzelne ist machtlos.
k) Ich möchte mit jedem Mitglied einzeln sprechen.
l) Teile des Pakets können nicht einzeln verkauft werden.
m) Er verbrachte über 11 Jahre in Einzelhaft.
n) Leider ist das kein Einzelfall.
o) Wir prüfen jeden Einzelfall.
p) Wir betrachten jeden Fall für sich.

their only child [tʃaɪld]	ihr einziges Kind
loner ['ləʊnə]	Einzelgänger(in)
it's a great worry ['wʌri]	es ist eine große Sorge
be missing ['mɪsɪŋ]	fehlen
remember [rɪ'membə] something	sich an etwas erinnern (→ S. 110)
the individual [ɪndɪ'vɪdʒuəl]	der Einzelne
powerless ['paʊələs]	machtlos
talk to a member ['membə]	mit einem Mitglied sprechen
part / component [kəm'pəʊnənt]	(Bestand-)Teil
package ['pækɪdʒ]	(*z. B. Software-*)Paket
spend – spent – spent	verbringen – verbrachte – verbracht
solitary (confinement [kən'faɪnmənt])	Einzelhaft
unfortunately [ʌn'fɔːtʃənətli]	unglücklicherweise; leider
look at a case [keɪs]	einen Fall betrachten / prüfen

„Sicher" – Eines ist sicher ...

... yes, one thing is for sure: there's more than one word for „sicher" in English.
Es kommen vor allem diese Entsprechungen in Frage:

certain(ly), safe(ly), secure(ly), sure(ly)

Setzen Sie eine passende Entsprechung für „sicher" ein.

3

a) He saved me from __________ death.
b) I'm __________ you've heard this joke before.
c) It is unwise to be too __________ of one's own wisdom.
d) It's not __________ that property prices will rise.
e) Very little is known for __________ about Shakespeare's private life.
f) __________ you don't mean to say that I'm too old to start something new.
g) This statement is quite __________ true.
h) Important documents should be kept in a __________ place.
i) Many women don't feel __________ walking the streets alone at night.
j) The mice realized that they would never be __________ from the cat unless they tied a bell to her leg to tell them when she was coming.
k) The plane carrying 107 people landed __________ and there were no injuries.
l) When people are confident their jobs are __________, they tend to spend freely.
m) You can easily pay for your shopping via the internet using your credit card but you should always check that your card details are kept __________.
n) Electronic privacy is achieved by using a __________ server, removing the data as soon as possible, and storing electronic files in __________ locations.

save someone from death [deθ]	jemand vor dem Tod bewahren
wisdom ['wɪzdəm]	Weisheit; Klugheit
property prices ['prɒpəti praɪsɪz]	(die) Grundstückspreise
you don't mean to say	du willst doch nicht sagen
statement ['steɪtmənt]	Darstellung; Behauptung; Aussage
the mice realized ['rɪəlaɪzd]	die Mäuse erkannten
tie a bell to her leg	ihr ein Glöckchen ans Bein binden
privacy ['prɪvəsi]	Schutz der Intimsphäre; Datenschutz
remove the data [ri'mu:v ðə 'deɪtə]	die Daten entfernen / löschen

„Problem" – „Thema" – „Frage": *Global warming is the big issue*

Ein Wort, dessen Gebrauchshäufigkeit in den letzten Jahren enorm zugenommen hat, ist *issue* ['ɪʃu:] in der Bedeutung *problem*.
Genau genommen bedeutet *issue* eher *topic*, also „Thema", in dem Sinn: *an important topic for debate or discussion.*
Aber ein wichtiges „Diskussionsthema" ist eben meistens ein „Problem", und es sind nicht zuletzt die Politiker, die gern auf das leicht beschönigende Wort *issue* ausweichen, wenn sie eine Aussage abschwächen wollen.

3

Bei der Übersetzung der nachstehenden Kollokationen helfen Ihnen die folgenden Wörter und Ausdrücke:

address an issue [ə'dres]
make an issue ['ɪʃu:] of something
solve [sɒlv] / resolve [rɪ'zɒlv]
solution [sə'lu:ʃn]

a) ein Problem angehen
b) sich mit dem Thema häusliche Gewalt auseinandersetzen
c) die Korruption zum Thema machen
d) ein Problem lösen
e) eine Lösung des Problems
f) Geld ist kein Thema
g) ein umstrittenes Thema
h) ein großes Problem
i) ein brennendes Problem
j) eine entscheidende Frage
k) ein ungelöstes Problem
l) ein globales Problem
m) Umweltprobleme

global warming [glәʊbl 'wɔ:mɪŋ]	(die) Erderwärmung
domestic violence ['vaɪələns]	häusliche Gewalt
corruption [kə'rʌpʃn]	Korruption; Bestechlichkeit
money ['mʌni]	Geld
controversial [kɒntrə'vɜ:ʃl]	umstritten; kontrovers
burn [bɜ:n]	brennen
crucial ['kru:ʃl]	entscheidend; äußerst wichtig
unresolved [ʌnrɪ'zɒlvd]	ungelöst
global ['glәʊbl]	global; weltweit; Erd-
environmental [ɪnvaɪrən'mentl]	Umwelt-

Singular oder Plural – das ist hier die Frage

Auf dieser Seite haben wir für Sie einige häufig gebrauchte Nomen zusammengestellt, bei denen der Numerus im Deutschen und Englischen nicht übereinstimmt, d. h. ein deutscher Plural entspricht einem englischen Singular (Sätze a bis h) und umgekehrt (Sätze i bis o).

Übersetzen Sie.

a) Die Möbel sind schön.
b) Die Abendnachrichten waren deprimierend.
c) Diese Informationen sind sehr wertvoll.
d) Die Fortschritte, die wir gemacht haben, sind höchst ermutigend.
e) Viele seiner Ratschläge sind gut.
f) Einige der Hausaufgaben waren ziemlich schwierig.
g) Meine Französischkenntnisse haben sich verbessert.
h) Die Vereinigten Staaten sind ein Land der Gegensätze.
i) Die Treppe ist ziemlich steil.
j) Dies ist meine beste Brille.
k) Diese Hose ist ein bisschen eng.
l) Die Umgebung ist schön.
m) Der Inhalt dieser Schachtel ist ein Vermögen wert.
n) Die Polizei ist auf der richtigen Spur.
o) Das amerikanische Volk ist sehr religiös.

the furniture ['fɜːnɪtʃə]	die Möbel
the evening news ['iːvnɪŋ njuːz]	die Abendnachrichten
depressing [dɪ'presɪŋ]	deprimierend
valuable ['væljʊbl]	wertvoll
make progress ['prəʊgres]	Fortschritte machen
most encouraging [ɪn'kʌrɪdʒɪŋ]	höchst ermutigend
my knowledge ['nɒlɪdʒ] of French	meine Französischkenntnisse
advice [əd'vaɪs]	Rat(schläge)
contrast ['kɒntrɑːst]	Gegensatz
steep stairs ['stiːp 'steəz]	eine steile Treppe
tight trousers ['taɪt 'traʊzəz]	eine enge Hose
the surroundings [sə'raʊndɪŋz]	die Umgebung
the contents ['kɒntents] of this box	der Inhalt dieser Schachtel
worth a fortune [wɜːθ ə 'fɔːtʃən]	ein Vermögen wert
on the right track [træk]	auf der richtigen Spur
religious [rɪ'lɪdʒəs]	religiös

Mit oder ohne *-ly*? – *He is wise. He talks wisely.*

Viele häufig gebrauchte Wörter gibt es in zwei Varianten:
ohne die Endung *-ly*, also als Adjektiv;
mit der Endung *-ly*, also als Adverb.
Entscheiden Sie bei den eingeklammerten Wörtern, ob die Form ohne oder mit *-ly* angebracht ist.
Die einfachste Regel ist eine negative:
Benutzen Sie **nicht** die *-ly*-Form, wenn sich das Wort auf ein **Nomen** (= Substantiv, Hauptwort), **Pronomen** (= Fürwort) oder einen **Namen** bezieht.

3

Setzen Sie die richtige Form ein.

a) Fast cars are a (real) danger on our roads.
b) Drunk drivers are (real) a danger on our roads.
c) The driver was (obvious) drunk.
d) It was (obvious) that the driver was drunk.
e) It's (obvious) safer to drive (slow).
f) Accidents are (frequent) here.
g) Accidents are (frequent) caused by drunken drivers.
h) Was she (serious) injured? – No, her injuries were not (serious).
i) (Unfortunate) I didn't have my mobile with me.
j) (Unfortunate) my battery is (extreme) low.
k) The battery (normal) lasts about two years.
l) Under (normal) conditions the battery will last several years.
m) For a child, a sting in the throat is (extreme) (dangerous).
n) His political views are (dangerous) (extreme).
o) We should remove graffiti as (quick) as possible.
p) All graffiti will be (quick) removed.
q) (Quick) removal of graffiti is the best way to discourage taggers.

danger ['deɪnʒə]	Gefahr
drunk(en) drivers [drʌŋk(n) 'draɪvəz]	betrunkene Autofahrer
obvious(ly) ['ɒbviəs(li)]	offensichtlich
frequent(ly) ['fri:kwənt(li)]	häufig
cause an accident ['æksɪdənt]	einen Unfall verursachen
injured ['ɪnʒəd] – injuries ['ɪnʒəriz]	verletzt – Verletzungen
the battery lasts two years	die Batterie hält zwei Jahre
a sting in the throat [θrəʊt]	ein Insektenstich im Hals
political views [pə'lɪtɪkl vju:z]	politische Ansichten
remove graffiti [rɪ'mu:v grə'fi:ti]	Schmierereien beseitigen
discourage [dɪs'kʌrɪdʒ] taggers	Sprayer vom Sprayen abhalten

„Können“: *can, could, be able to, may, might*

„Können“ in der Bedeutung „fähig sein“, „beherrschen“ ist *can* bzw. *could.* Gebrauchen Sie *could* nur dann in der Bedeutung „konnte“, wenn es nicht mit „könnte“ verwechselt werden kann, also wenn aus dem Zusammenhang hervorgeht, dass „konnte“ (nicht „könnte“) gemeint ist. Benutzen Sie in allen anderen Fällen *be able to*, also in der Vergangenheit ohne Zeitangabe, in der Zukunft, nach *to* etc.

„Können“ in der Bedeutung „es ist möglich, dass“ ist *may* (= „kann“) bzw. *might* (= „könnte“).

Um Erlaubnis wird mit *Can I / we ...* bzw. förmlicher *May I / we ...* gebeten.

3

Beachten Sie das bei der Übersetzung dieser Sätze.

a) Kannst du Schach spielen?
b) Wir können ja eine Partie Schach spielen.
c) Ich kann Englisch.
d) Ich kann dir nicht helfen.
e) Wir werden diesen Leuten nicht helfen können.
f) Es gab nicht viel, was der Präsident tun konnte.
g) Ich konnte den Schaden selbst beheben.
h) Mozart konnte schon mit vier Jahren Klavier spielen.
i) Es muss herrlich sein, Klavier spielen zu können.
j) Das kann die richtige Methode sein.
k) Das kann nicht die richtige Methode sein.
l) Es kann zu einem Bürgerkrieg kommen.
m) Es könnte zu Schwierigkeiten kommen.
n) Kann ich Ihnen helfen?
o) Kann ich ein weiteres Exemplar haben?

a game of chess [tʃes]	eine Partie Schach
repair [rɪˈpeə] the damage [ˈdæmɪdʒ]	den Schaden beheben
at the age [eɪdʒ] of four	mit vier Jahren
play the ⚠ piano [piˈænəʊ]	Klavier spielen
wonderful [ˈwʌndəfl]	wunderbar; herrlich
the right method [ˈmeθəd]	die richtige Methode
civil war [sɪvl ˈwɔː]	Bürgerkrieg
difficulty [ˈdɪfɪkəlti]	Schwierigkeit
another copy [ˈkɒpi]	ein weiteres Exemplar

„Halten" ist nicht immer *hold*

Etwas mit der Hand „halten" ist *hold*, etwas in einem Zustand „halten" ist *keep*, „anhalten" ist *stop*, eine Rede „halten" ist *give* oder *make*, ein Tor „halten" ist *save*, und wenn etwas eine Zeit lang „hält", dann sagt man *last*. Das ist es *in a nutshell*, aber außerhalb der Nussschale gibt es noch manche andere Entsprechungen für „halten", die wir hier nicht erklären können. Versuchen Sie sich an den folgenden Sätzen.

3

Setzen Sie die richtige Form des passenden Verbs ein.

a) He was __________ a gun in his right hand.
b) Can you __________ the ladder so that it's steady?
c) There is little optimism that the truce will __________ for long.
d) If you make a promise, you've got to __________ it.
e) The internet makes it so easy to __________ in touch with family and friends.
f) "Teaching the young __________ me young," says the 90-year-old professor.
g) The milk won't __________ long in this heat.
h) In 1946 Winston Churchill __________ a speech in Zurich calling for a "kind of United States of Europe".
i) We were told that the bus __________ just outside the hotel.
j) The Liverpool goalkeeper __________ two penalties and the trophy was Liverpool's.
k) The battery in my cell phone __________ about a week.
l) A good friendship __________ a lifetime.
m) I'm sure he's a nice guy and all, but I wouldn't __________ him a friend.
n) What do you __________ me for?
o) It's important to __________ to the rules.

ladder ['lædə]	Leiter
steady ['stedi]	fest; nicht wacklig
truce [tru:s]	Waffenstillstand
make a promise ['prɒmɪs]	ein Versprechen geben
speech [spi:tʃ]	Rede
call [kɔ:l] for something	zu etwas aufrufen
outside the hotel [həʊ'tel]	vor dem Hotel
goalkeeper ['gəʊlki:pə]	Torwart
penalty ['penəlti]	Elfmeter
trophy ['trəʊfi]	Trophäe
cell phone ['sel fəʊn] *AE*	Mobiltelefon; Handy

„Leise" – „laut": Das kannst du laut sagen!

Diese beiden einfachen deutschen Wörter haben im Englischen eine ganze Reihe differenzierter Entsprechungen. So „kollokiert" z. B. *loud* mit *voice*, nicht aber mit *road*, und es besteht ein Unterschied zwischen *reading a poem aloud* (d. h. nicht still vor sich hin) und *reading a poem loudly* (d. h. mit lauter Stimme), ganz davon abgesehen, dass „**mit** lauter Stimme" im Englischen ***in*** *a loud voice* ist.

3

Übersetzen Sie.

a) Er sprach leise.
b) Der Typ am Nachbartisch redete laut von einem Videospiel, das er gerade spielte.
c) Er sprach mit leiser Stimme.
d) Könnten Sie bitte ein bisschen leiser sprechen?
e) Könnten Sie bitte ein bisschen lauter sprechen?
f) Ich höre Sie laut und deutlich.
g) Sie klagte laut darüber, dass alles so teuer sei.
h) Ich meine, sie sollte dies ein bisschen leiser singen.
i) Aus dem Nachbarhaus kam leise Musik.
j) Die Musik ist zu laut.
k) Wir hörten das leise Murmeln eines Baches.
l) Das Hotel ist in einer sehr lauten Straße.
m) Was ich am meisten hasse, sind laute Nachbarn.
n) Kannst du das Radio nicht ein wenig leiser / lauter stellen?
o) Ein leiser Duft von Parfüm hing in der Luft.
p) Ich hatte nicht die leiseste Ahnung.
q) Könnten Sie uns das Gedicht mal laut vorlesen?
r) „Das ist doch hier reine Abzocke!" – „Das kannst du laut sagen!"

at the next table ['nekst teɪbl]	am Nachbartisch
complain about something	über etwas klagen; sich über etwas beklagen
expensive [ɪk'spensɪv]	teuer
the house next door [nekst 'dɔ:]	das Nachbarhaus
music ['mju:zɪk]	Musik
the murmur ['mɜ:mə] of a brook [brʊk]	das Murmeln eines Baches
what I hate most [məʊst]	was ich am meisten hasse
the smell of perfume ['pɜ:fju:m]	der Duft von Parfüm
have no idea [aɪ'dɪə]	keine Ahnung haben
it's just a rip-off ['rɪp ɒf]	es ist reine Abzocke
rip someone off	jemand abzocken

Multiple choice: Wörter, die man leicht verwechselt

In diesem *Multiple Choice* geht es um notorische Fehlerverursacher wie die Unterscheidung zwischen *human* und *humane, industrial* und *industrious*. Um die Sache noch etwas spannender zu machen, haben wir auch die *-ly*-Formen hinzugenommen – Sie müssen also auch beachten, worauf sich das Wort jeweils bezieht, um hier die richtige Entscheidung zu treffen.

Welches Wort passt?

a) The group campaigns for the __________ treatment of laboratory animals.
human · humane · humanitarian · humanly

b) The company had done all that was __________ possible to prevent the accident.
human · humane · humanitarian · humanly

c) The organization provides __________ aid to Third World countries.
human · humane · humanitarian · humanly

d) It's __________ to make mistakes.
human · humane · humanitarian · humanly

e) Prisoners should be treated __________ and in accordance with international law.
human · humane · humanely · humanly

f) The Kingswood __________ area is located north of the railway line.
industrial · industrially · industrious · industriously

g) The town, once important __________, is now just a holiday resort.
industrial · industrially · industrious · industriously

h) Being __________ doesn't mean you're going to be financially successful.
industrial · industrially · industrious · industriously

i) She studied __________ and graduated in 2002.
industrial · industrially · industrious · industriously

human ['hjuːmən]	menschlich (= *Menschen betreffend*)
humane [hjuː'meɪn]	human; menschenwürdig
campaign [kæm'peɪn] for something	sich für etwas einsetzen
do all that's humanly possible ['pɒsəbl]	alles Menschenmögliche tun
prevent [prɪ'vent] an accident ['æksɪdənt]	einen Unfall verhindern
provide aid [prəvaɪd 'eɪd]	Hilfe leisten
in accordance with international law	gemäß dem Völkerrecht
graduate ['grædʒueɪt]	einen Hochschulabschluss machen
industrious(ly) [ɪn'dʌstriəs(li)]	fleißig

Illness Crossword

Hier nun wieder ein kleines *Crossword*. Diesmal geht es um Verben, die im Zusammenhang mit Krankheitsbezeichnungen oder Medikamenten gebraucht werden.

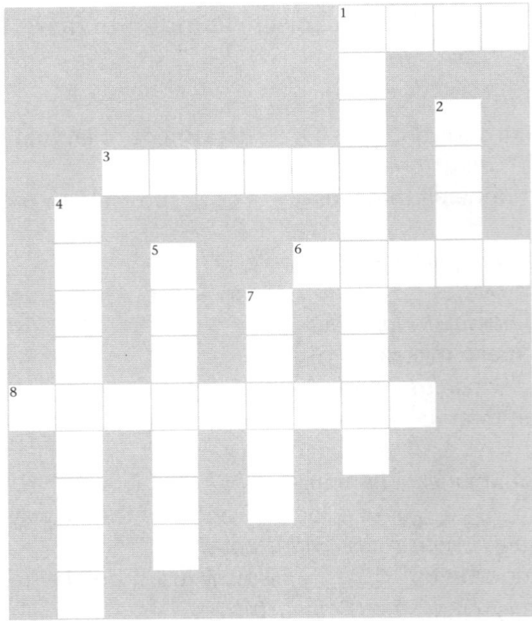

ACROSS

1 Two hours after eating a chicken sandwich she __________ down with food poisoning.

3 I must have __________ a cold while sitting in the garden yesterday.

6 He sees a psychiatrist and __________ medication, but he doesn't seem to be getting better.

8 When he __________ heart trouble last August, he went to London for treatment.

DOWN

1 Paul __________ AIDS through a contaminated blood transfusion a couple of years ago.

2 She had a stroke six months ago but has __________ a good recovery.

4 The president is reported in serious condition after __________ a heart attack.

5 She had to __________ surgery to have her gallbladder removed.

7 When I was three years old, I __________ out in a rash from eating strawberries.

„Sollen": *a difficult word to translate*

„Sollen" ist im Englischen schwer auszudrücken. *Shall* heißt es nur bei Vorschlägen (*Shall I ...? Shall we ...?*) oder in biblischen Geboten (*Thou shalt not ... / You shall not ...*). In den meisten anderen Fällen liegt man mit *be (supposed) to* in der Regel richtig. Darüber hinaus weisen die Übungssätze noch ein paar andere Möglichkeiten auf.

Übersetzen Sie.

a) Sollen wir ein Taxi nehmen?
b) Soll ich den Hund füttern?
c) Was soll ich tun – ihr die Meinung sagen oder sie einfach ignorieren?
d) Du sollst nicht denken, dass ich dich nicht liebe.
e) Du sollst mich nicht so verwöhnen.
f) Wir sollen vor dem Bahnhof warten.
g) Sollen wir diese Sätze alle übersetzen?
h) Du weißt doch, dass du das nicht tun sollst.
i) Soll das ein Witz sein?
j) Was soll denn das heißen?
k) Der Präsident soll davon nichts gewusst haben.
l) Er soll sehr reich sein.
m) Er soll früher mal reich gewesen sein.
n) Du solltest Chinesisch lernen – da liegt die Zukunft.
o) Du solltest diesen Leuten dankbar sein.
p) Ich hätte mir Notizen machen sollen.
q) Das hätte ich früher wissen sollen.
r) Man sagte mir, ich solle in einer Woche wiederkommen.
s) Du sollst nicht stehlen.

taxi ['tæksi] / cab [kæb]	Taxi
feed – fed – fed	füttern – fütterte – gefüttert
give someone a piece of your mind	jemand die Meinung sagen
ignore someone [ɪg'nɔː]	jemand ignorieren
spoil [spɔɪl] someone	jemand verwöhnen
outside the station ['steɪʃn]	vor dem Bahnhof
translate [træns'leɪt] sentences	Sätze übersetzen
Chinese [tʃaɪ'niːz]	Chinesisch
future ['fjuːtʃə]	Zukunft
be grateful ['greɪtfl] to someone	jemand dankbar sein
before [bɪ'fɔː] / earlier ['ɜːliə]	früher
take notes (– took – taken)	sich Notizen machen
steal – stole – stolen	stehlen – stahl – gestohlen

4

Idioms: Wenn Leute das Fett kauen

Was ein *idiom* ['ɪdiəm] ist, wissen wir bereits (→ S. 12): eine Wortgruppe, die als Ganzes eine andere Bedeutung hat als die Wörter, die sie ausmachen.
Ein Radiokommentator fragt: *But are they all singing from the same hymn sheet?* Auch das ein *idiom*, und wie wunderbar anschaulich (= *graphic*)! Es ging um die Teilnehmer an einer internationalen Konferenz, die eben nicht alle nach den gleichen (Gesangbuch-)Noten singen, d. h. recht unterschiedlicher Meinung über die anstehenden Probleme sind.
Hier nun erhalten Sie Sätze, in denen eine Wortgruppe unterstrichen ist, für die es ein hübsches *idiom* gibt.

4

Welches *idiom* aus der Liste passt in welchen Satz?

brought to book
carrying a torch for
chewing the fat
easy on the eye
like something the cat brought in
made a hash of it
not cricket
nothing to write home about
as thick as two short planks
under the influence

a) The food was not particularly good.
b) I know it's unfair to attack an opponent from behind.
c) He's very stupid.
d) She can act and she's pleasant to look at.
e) The driver was clearly drunk.
f) Well, you've really done it very badly, haven't you?
g) What's happened is unacceptable, and the culprits must be punished.
h) Does she know he's in love with her?
i) Gee, what's happened? You look dirty and untidy.
j) The old men just sat there chatting in a leisurely way.

hymn [hɪm] – hymn sheet ['hɪm ʃi:t]	Kirchenlied – Notenblatt
torch [tɔ:tʃ]	Fackel
chew [tʃu:]	kauen
hash [hæʃ]	(Gericht aus Hackfleisch und Kartoffeln)
plank [plæŋk]	(langes, schmales) Brett
influence ['ɪnfluəns]	Einfluss
particularly [pə'tɪkjələli]	besonders
opponent [ə'pəʊnənt]	Gegner(in)
culprit ['kʌlprɪt]	(Übel-)Täter(in); Schuldige(r)
gee! [dʒi:]	(*AE Ausruf:*) Mensch!

Want – a dangerous friend

Want wird zum Teil anders konstruiert als das deutsche „wollen“:
I want to go. = Ich will gehen.
I want you to go. = Ich will, dass du gehst.
Bei verneintem *want* und mit einem „Unterton von Verlaufsform“ geht auch:
I don’t want you going (around making a fool of yourself).

Übersetzen Sie nun die folgenden Sätze mit *want*.

a) Willst du wirklich nach Hause gehen?
b) Willst du wirklich, dass ich nach Hause gehe?
c) Sie wollte die Wahrheit sagen.
d) Sie wollte, dass ich die Wahrheit sage.
e) Sie wollte, dass man ihr die Wahrheit sagt.
f) Sie wollte, dass die Wahrheit gesagt wird.
g) Ich will keinen Kaffee kochen.
h) Ich will nicht, dass du Kaffee kochst.
i) Ich will nicht, dass du dir diesen Film ansiehst.
j) Meinst du nicht, dass deine Haare mal geschnitten werden müssten?
k) Ich will nicht, dass du mir die Haare schneidest.
l) Ich möchte meine Haare kurz geschnitten haben.
m) Meine Mutter will, dass mir die Haare wirklich kurz geschnitten werden.
n) Ich möchte nicht, dass du enttäuscht bist.
o) Ich möchte nicht, dass du mich enttäuschst.
p) Ich weiß, du willst nicht, dass ich darüber Witze mache.
q) Sie hätte bleiben können, wenn sie es gewollt hätte.
r) Ich bat sie zu bleiben, aber sie wollte nicht.

go home [gəʊ 'həʊm]	nach Hause gehen
tell the truth [tru:θ]	die Wahrheit sagen
make coffee ['kɒfi]	Kaffee kochen
watch a film / movie ['mu:vi]	sich einen Film ansehen
cut someone’s hair [heə]	jemand die Haare schneiden
disappointed [dɪsə'pɔɪntɪd]	enttäuscht
disappoint [dɪsə'pɔɪnt] someone	jemand enttäuschen
make jokes about something	Witze über etwas machen
stay [steɪ]	bleiben (→ S. 53)
ask someone to do something	jemand bitten, etwas zu tun

A donkey and a monkey eating their dessert in the desert

Bei den folgenden Wortpaaren verführt die Ähnlichkeit oder Gleichheit der Schreibung häufig zu fehlerhafter Aussprache.

Sprechen Sie die Wortpaare laut und achten Sie dabei auf die Lautschrift.

leaf [liːf] – **deaf** [def]	*Blatt – taub*
ever ['evə] – **fever** ['fiːvə]	*jemals – Fieber*
devil ['devl] – **evil** ['iːvl]	*Teufel – böse*
cloth [klɒθ] – **clothes** [kləʊðz]	*Tuch – Kleidung*
bomb [bɒm] – **comb** [kəʊm]	*Bombe – Kamm*
love [lʌv] – **grove** [grəʊv]	*Liebe – Wäldchen*
dove [dʌv] – **move** [muːv]	*Taube – bewegen*
golf [gɒlf] – **wolf** [wʊlf]	*Golf – Wolf*
dull [dʌl] – **bull** [bʊl]	*trübe – Bulle*
done [dʌn] – **gone** [gɒn]	*getan – gegangen*
rough [rʌf] – **cough** [kɒf]	*grob – husten*
school [skuːl] – **wool** [wʊl]	*Schule – Wolle*

stranger ['streɪndʒə] – **anger** ['æŋgə]	*Fremder – Zorn*
wildness ['waɪldnəs] – **wilderness** ['wɪldənəs]	*Wildheit – Wildnis*
climber ['klaɪmə] – **timber** ['tɪmbə]	*Kletterer – (Bau-)Holz*
pint [paɪnt] – **hint** [hɪnt]	*(ca. ½ Liter) – Andeutung*
bow [bəʊ] – **bow** [baʊ]	*Bogen – Verbeugung*
suit [suːt] – **suite** [swiːt]	*Anzug – Suite*
storm [stɔːm] – **worm** [wɜːm]	*Sturm – Wurm*
donkey ['dɒŋki] – **monkey** ['mʌŋki]	*Esel – Affe*

hero ['hɪərəʊ] – **heroine** ['herəʊɪn]	*Held – Heldin*
lumber ['lʌmbə] – **plumber** ['plʌmə]	*Gerümpel – Installateur*
iron ['aɪən] – **irony** ['aɪrəni]	*Eisen – Ironie*
business ['bɪznəs] – **busyness** ['bɪzinəs]	*Geschäft – Geschäftigkeit*
discount ['dɪskaʊnt] – **viscount** ['vaɪkaʊnt]	*Preisnachlass – (Adelstitel)*

desert ['dezət] – **dessert** [dɪ'zɜːt]	*Wüste – Nachtisch / Dessert*
heroism ['herəʊɪzm] – **heroic** [hə'rəʊɪk]	*Heldentum – heldenhaft*
liquor ['lɪkə] – **liqueur** [lɪ'kjʊə]	*Schnaps – Likör*
petrol ['petrəl] – **patrol** [pə'trəʊl]	*Benzin – Patrouille / Streife*
recipe ['resəpi] – **receipt** [rɪ'siːt]	*(Koch-)Rezept – Quittung*
vomit ['vɒmɪt] – **omit** [ə'mɪt]	*(sich) erbrechen – auslassen*

Multiple choice: Wörter, die oft verwechselt werden

Wählen Sie das passende Wort aus.

a) We can't __________ your salary; you're already overpaid.
grow · heighten · raise · rise

b) If prices __________, people will buy less.
higher · raise · rise · up

c) The __________ situation has improved.
economic · economical · economically · economics

d) Bringing peace to the Middle East would be a __________ achievement.
historian · historic · historical · history

e) The film is only partly based on __________ events.
historian · historic · historical · history

f) Only 20 per cent of Afghan women are __________.
literal · literally · literary · literate

g) A __________ translation is the opposite of a free translation.
literal · literally · literary · literate

h) It __________ broke my heart to see him do such a stupid thing.
literal · literally · literary · literate

i) Dickens was one of the __________ giants of Victorian England.
literal · literally · literary · literate

4

salary ['sæləri]	(*Monats-/Jahres-*)Gehalt
heighten ['haɪtn] (*z. B.* interest ['ɪntrəst])	(*z. B.* das Interesse) erhöhen
raise [reɪz] taxes	die Steuern erhöhen
prices rise [raɪz]	die Preise steigen
economic [i:kə'nɒmɪk]	wirtschaftlich; Wirtschafts-
economical [i:kə'nɒmɪkl]	sparsam
economics [i:kə'nɒmɪks]	(Volks-)Wirtschaftslehre
historian [hɪ'stɔ:riən]	Historiker(in)
historic [hɪ'stɒrɪk]	historisch (bedeutsam)
a historical [hɪ'stɒrɪkl] fact	eine geschichtliche Tatsache
history ['hɪstri]	(die) Geschichte
literal ['lɪtərəl]	wörtlich
literally ['lɪtərəli]	wörtlich; buchstäblich
literary ['lɪtərəri]	literarisch; Literatur-
they're literate ['lɪtərət]	sie können lesen und schreiben

Präpositionen: „an", „am", „auf"

Setzen Sie die dem deutschen „an", „am" und „auf" entsprechenden Präpositionen ein.

a) There's a fly __________ the wall.
b) He was standing __________ the wall looking __________ the fly.
c) They have a charming little cottage __________ the sea.
d) She died __________ the morning.
e) She died __________ the morning of March 6.
f) He died __________ cancer.
g) He died __________ his injuries several hours after the accident.
h) She never thinks __________ herself.
i) Vienna is __________ the Danube.
j) Someone saw him down __________ the river.
k) A holiday __________ the seaside would be the right thing.
l) You can come __________ Saturday.
m) At midnight he was still __________ work.
n) The city doesn't have much to offer __________ entertainment.
o) She sat down __________ the only chair in the room __________ the big table __________ the window.
p) Nearly 2500 species of moths have been found __________ the British Isles.
q) We don't have much money __________ the bank.
r) He's deaf __________ one ear.
s) She put the vase __________ the windowsill.
t) Last year we went __________ the Isle of Man.
u) The meeting has been postponed __________ Thursday morning.
v) In the UK there is one doctor __________ every 434 people.
w) We walked __________ and down the roads of this pretty town.

cottage ['kɒtɪdʒ]	Häuschen
injuries ['ɪnʒəriz]	Verletzungen
the Danube ['dænju:b]	die Donau
entertainment [entə'teɪnmənt]	Unterhaltung
species ['spi:ʃi:z]	Art(en); Spezies
moth [mɒθ]	Nachtfalter; Motte
deaf [def]	taub
windowsill ['wɪndəʊsɪl]	Fensterbrett; Fensterbank
the Isle of Man [aɪl əv 'mæn]	die Insel Man (*in the Irish Sea*)
postpone [pəʊst'pəʊn] a meeting	eine Besprechung verschieben

„Können", „müssen", „sollen", „dürfen", „wollen"

Im Deutschen benutzen wir diese Hilfsverben manchmal allein, d. h. nicht in Verbindung mit einem Vollverb. Im Englischen ist das in der Regel nicht möglich. Bei der Übersetzung der folgenden Sätze müssen Sie also immer ein Vollverb ergänzen.

a) Kann sie das?
b) Ich kann nicht mehr.
c) Ich kann kein Französisch.
d) Ich muss jetzt weg.
e) Ich muss mal.
f) Das sollst du nicht.
g) Was soll das?
h) Wann dürfen wir ins Wasser?
i) „Darf der das?" – „Der darf das!"
j) Wir wollen noch nicht nach Hause.
k) Ich will zum Bahnhof.
l) Wir wollen da rein.

4

„Wollen" ist nicht immer *want*

In den folgenden Sätzen lässt sich „wollen" nicht immer mit „want" ausdrücken.

m) Sie will Architektin werden.
n) Sie will Chinesisch lernen.
o) Sie will, dass ich Chinesisch lerne.
p) Sie will unbedingt die Rechnung bezahlen.
q) Das Auto wollte nicht anspringen.
r) Sie will gesehen haben, wie er das Geld nahm.
s) Der Präsident will davon nichts gewusst haben.
t) Ich will lieber zu Hause bleiben.
u) Wir wollten gerade gehen.
v) Wollen Sie sich nicht setzen?
w) Wollen wir zu mir gehen?

pay the bill [peɪ ðə 'bɪl]	die Rechnung bezahlen
start [stɑːt]	(*Auto:*) anspringen
know [nəʊ] nothing about it	nichts davon wissen
stay at home [ət 'həʊm]	zu Hause bleiben
go to my / your place	zu mir / dir gehen

Do – the heavy-duty verb, das Hochleistungsverb

Do gehört zu den 10 wichtigsten Verben der englischen Sprache. Häufig gebraucht man dieses *all-round verb*, um Dinge auszudrücken, für die es auch „spezialisierte“ Verben gibt.

Ersetzen Sie in den folgenden Sätzen die unterstrichenen Formen von *do* durch solche „Spezialisten“.

a) I've done the first three chapters.
b) Have you done your essay yet?
c) She has done biographies of Nixon and Eisenhower.
d) He has done Hamlet and other Shakespearean heroes.
e) He has done several successful musicals.
f) You've done me a great service.
g) She's doing well at college.
h) She did a history degree at University College, Dublin.
i) In most cases, one drop will do.
j) Each room was done in a different colour.
k) You've been done.
l) His brother did him out of his inheritance.
m) Most of Europe did away with capital punishment decades ago.
n) We have done away with the old system and replaced it with one that's completely computer-based.
o) This box will have to do for a table until the furniture arrives.
p) I couldn't do without my computer.
q) One more failed crop and we're done for.
r) The long walk to the lake did me in.
s) When he's not working, Jack is busy doing up the house.

Shakespearean heroes ['hɪərəʊz]	Shakespeare-Helden
do someone a service ['sɜːvɪs]	jemand einen Dienst erweisen
do well [duː 'wel]	gut zurechtkommen
do a history degree [dɪ'griː]	einen Universitätsabschluss in Geschichte machen
one drop will do	ein Tropfen genügt
inheritance [ɪn'herɪtəns]	Erbe; Erbschaft
do away with capital punishment	die Todesstrafe abschaffen
replace something with something	etwas durch etwas ersetzen
failed crop [feɪld 'krɒp]	Missernte
we're done for ['dʌn fɔː]	wir sind erledigt
the long walk did me in	die Wanderung hat mich geschafft
do up the house [haʊs]	das Haus herrichten / renovieren

Another news story

Hier ist eine Meldung aus einer amerikanischen Lokalzeitung. Schreiben Sie sie ab, und setzen Sie dabei die folgenden Verben in der richtigen Form an passender Stelle ein.

drive, hit, lose, realize, reduce, release, stop, suffer, swerve, treat, wear

TWO MEN HURT IN CAR CRASH

TWO MEN were _____ at St. Francis Medical Center Monday for injuries they _____ in a collision at the junction of Illinois Route 89 and Rutland Road in Marshall County. Both were _____ after treatment.

Terry Hufford, 35, of Toluca, was _____ north on Route 89 when his car was _____ by a camper _____ by Byron Jenkins, 73, of Texas. Jenkins, who was headed south, _____ too late that a car in front of him had _____ to make a left turn. Jenkins _____ control when he braked and _____ into the northbound lane, state police said.

Hufford was ticketed for not _____ his seat belt. Jenkins was ticketed for failure to _____ speed and using the wrong lane, state police said.

hit another car	in ein anderes Auto hineinfahren
release [rɪ'li:s]	(*z. B. aus dem Krankenhaus*) entlassen
suffer ['sʌfə]	erleiden; (*sich Verletzungen*) zuziehen
swerve [swɜ:v]	schwenken; eine Schwenkung machen
wear a / one's seat belt ['si:t belt]	angeschnallt sein
hurt – hurt – hurt	verletzen – verletzte – verletzt
car crash ['kɑ: kræʃ]	Autounfall; Zusammenstoß
injuries ['ɪnʒəriz]	Verletzungen
collision [kə'lɪʒn]	Zusammenstoß
junction ['dʒʌŋkʃn]	Kreuzung
treatment ['tri:tmənt]	Behandlung
camper ['kæmpə]	Wohnwagen; Wohnmobil
headed south [hedɪd 'saʊθ]	nach Süden unterwegs
make a left turn [left 'tɜ:n]	nach links abbiegen
brake [breɪk]	Bremse; bremsen
the northbound lane	die Fahrspur nach Norden
he was ticketed	er erhielt einen Bußgeldbescheid
for failure ['feɪljə] to do something	weil er es versäumt hatte, etw. zu tun

Idioms Crossword: Von Geldleuten und Bettgenossen

Die *clues* enthalten einige idiomatische Redensarten.

Setzen Sie die fehlenden Wörter in das *Crossword* ein.

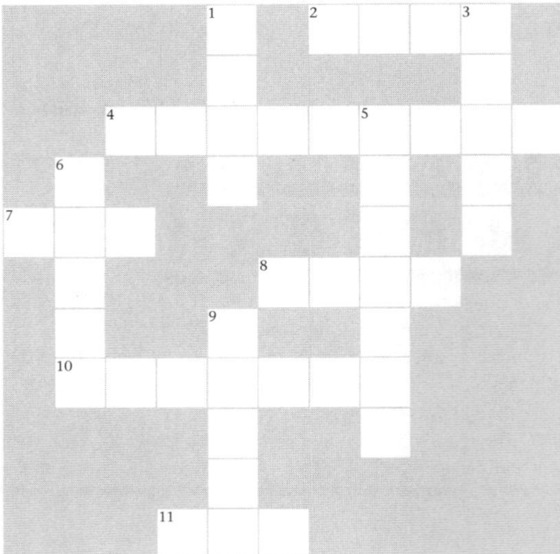

ACROSS

2 He knew who'd done it but he __________ his mouth shut.

4 From the moment we arrived to the moment we left everything ran like __________.

7 His first meal in prison was a far __________ from the luxurious meals he had been used to.

8 A football club should be run by football people, not money men out to make a fast __________.

10 We all know that politics makes __________ bedfellows.

11 Let them sue us. They can't prove anything. They don't have a __________ to stand on.

DOWN

1 I tell you what, this fight is not over – not by a long __________.

3 I'm sick and __________ of you sulking when something upsets you.

5 A __________ pot never boils.

6 Some people get so caught up in small details that they can't see the wood for the __________.

9 By and __________ he's a great guy and he really knows how to throw a party.

Präpositionen sind Glückssache – *a matter of luck ...*

... aber den Leuten, die 1963 anlässlich von Präsident Kennedys Besuch in Deutschland eine offizielle Gedenkmünze schufen, war das Glück nicht hold: Drei englische Wörter prägten sie auf die Münze und dachten wohl, da könne nichts schiefgehen: *Welcome in Germany*. Die Präposition wurde ihnen zum Verhängnis: *Welcome to Germany* hätte es heißen müssen.

Wenn Sie alle Präpositionen in den folgenden Sätzen richtig einsetzen, sind Ihre Englischkenntnisse „echt geil" bzw. *cool, brill, brilliant, wicked, smashing, awesome, terrific* oder gut-australisch *bonzer*. Und um die Sache noch etwas schwieriger zu machen: in drei Sätzen sollten Sie besser gar keine Präposition einsetzen.

Setzen Sie – wo nötig – passende Präpositionen ein.

5

a) I heard the news the minute I arrived __________ the office.
b) I heard the news the minute I arrived __________ home.
c) When we arrived __________ London it was raining.
d) She died __________ cancer.
e) Was he killed or did he die __________ a natural death?
f) You're more likely to die __________ natural causes than __________ an accident.
g) She died __________ suicide.
h) He died __________ his own hand.
i) I don't envy him __________ his job.
j) She jumped __________ the fence.
k) Thankfully I'm still living __________ my parents so I don't pay rent.
l) He lives __________ his parents' money and spends his days boozing with his buddies.
m) The family lives __________ less than a dollar a day in a mud hut without electricity or running water.
n) We live __________ selling our skills and experience.
o) He survived __________ eating insects.

suicide ['suːɪsaɪd]	Selbstmord
envy ['envi] someone something	jemand um etwas beneiden
pay rent [peɪ 'rent]	Miete zahlen
boozing ['buːzɪŋ] with his buddies	saufend mit seinen Kumpeln
mud hut ['mʌd hʌt]	Lehmhütte
skills and experience [ɪk'spɪəriəns]	Können und Erfahrung

It – wenn es nicht „es" heißt

It gebraucht man mit Bezug auf Nichtlebewesen und Tiere; die deutsche Entsprechung kann dann außer „es" (*the house – it*) auch „er" (*the table – it*) oder „sie" (*the door – it*) sein.
Darüber hinaus steht *it* aber auch in Fällen, wo das Deutsche statt einem Ausdruck mit „es", „er", „sie" eine ganz andere Konstruktion aufweist.

Wie zum Beispiel übersetzt man die folgenden Sätze ins Deutsche?

a) It took me an hour.
b) It was hoped that a compromise could be reached.
c) As it turned out, the material was not waterproof.
d) The cheek of it!
e) Who is it? – Frank.
f) It wasn't us, it was the others.
g) It's the poor who are going to suffer.
h) It was for your sake that I came back.
i) Why is it always me who has to do the dirty work?
j) If it hadn't been for you, I would have died.
k) The car's had it.
l) Our marriage has had it.
m) If I don't pay up, I've had it.
n) Let him have it!
o) Rumour has it that the two banks are going to merge.
p) I think we should have it out.
q) I take it that you'll finish today.
r) The old woman is still very much with it.
s) He thinks he's really it. (Vgl. S. 85, Satz i.).

reach a compromise ['kɒmprəmaɪz]	einen Kompromiss erzielen
as it turned out [tɜːnd 'aʊt]	wie sich erwies
material [mə'tɪəriəl]	Material; Stoff
waterproof ['wɔːtəpruːf]	wasserdicht; wasserfest
cheek [tʃiːk]	Frechheit; Dreistigkeit
suffer ['sʌfə]	leiden
for your sake [fə 'jɔː seɪk]	um deinetwillen
do the dirty work ['dɜːti wɜːk]	die Drecksarbeit machen
our marriage ['mærɪdʒ]	unsere Ehe
if I don't pay up [peɪ 'ʌp]	wenn ich nicht zahle
rumour ['ruːmə]	Gerücht
merge [mɜːdʒ]	fusionieren

„Es" – wenn „es" nicht *it* heißt

Hier nun haben wir den umgekehrten Fall: Dem deutschen Ausdruck mit „es" entspricht ein englischer ohne *it*.

Übersetzen Sie.

a) Das Volk hungert – es braucht Hilfe.
b) Es gibt viele Menschen, die sich nicht selber helfen können.
c) Es ist jemand an der Tür.
d) Es war einmal ein König, der eine wunderschöne Tochter hatte.
e) Es lebe die Königin!
f) Es gefällt dir hier wohl?
g) Es tut mir leid, dass ich dir nicht helfen kann.
h) Es freut mich zu sehen, dass es dir so gut geht.
i) In diesem Schloss spukt es.
j) Ich meine es gut mit dir.
k) „Wird er wieder gesund werden?" – „Ich hoffe es."
l) „Wohnt sie immer noch dort?" – „Ich weiß es nicht."

5

the people ['pi:pl] (*Plural!*)	das Volk
starve [stɑ:v]	hungern
need help [ni:d 'help]	Hilfe brauchen
many / lots of people ['pi:pl]	viele Menschen
at the door [ət ðə 'dɔ:]	an der Tür
king [kɪŋ] – queen [kwi:n]	König – Königin
a beautiful ['bju:təfl] daughter	eine (wunder)schöne Tochter
a haunted castle ['hɔ:ntɪd 'kɑ:sl]	ein Schloss, in dem es spukt
recover [rɪ'kʌvə]	wieder gesund werden
live [lɪv]	leben; wohnen

Sprichwörter wiederum beginnen oft mit *it*. Beispiele:
It ain't the things you don't know that make you ignorant as much as the things you know that ain't so.
It is a bold mouse that breeds in the cat's ear.
It is a sad house where the hen crows louder than the cock.
It is a wise boy that knows that he isn't.
It is comparison that makes men miserable.
It is easier to praise poverty than to bear it.
It is easy to be brave from a safe distance.
It is impossible to defeat an ignorant man in argument.
It is only the ignorant that despise education.
It's better to be an old man's sweetheart than a young man's slave.

Minidialoge: *"I'm afraid I can't come."* – *"Congratulations!"*

Sie merken natürlich: In der Überschrift passt etwas nicht zusammen. Mitunter formuliert man schon die Frage falsch. So riet man einem deutschen Freund, nicht allzu direkt nach der Toilette zu fragen. *Excuse me, where can I wash my hands?* sei eine angemessen umwundene Frage. Er wurde prompt in einen Raum geführt, wo zwar ein Waschbecken, aber keine Toilette war. Gut, die Amerikaner nennen „das Örtchen" fast immer *the bathroom*, gerade auch im Restaurant, wo man zuletzt daran denken würde, ein Bad zu nehmen.
Kurzum: nicht immer weiß man die richtige Frage; nicht immer gibt man die richtige Antwort.

5

Im Folgenden finden Sie links eine Reihe von konventionellen Fragen und *statements*; versuchen Sie, ihnen aus der rechten Spalte passende Antworten zuzuordnen.

Can I get you a drink?
Can I help you?
Did you have a good trip?
He says he loves her.
Hello, is that Lucy Tyler?
Hello. May I join you?
How are you?
I'm afraid I can't come.
Lovely day, isn't it?

New bike, Jack?
Sorry I'm late.
Take care.
Well, I must be off now.
What are you doing tonight?
What does she do?

What time do you finish work?
What took you so long?
Why don't you have a car?
You own this house, do you?

Can't afford one.
Cheerio, then. Have a good trip.
Fine, thanks.
Had to go to the loo.
I should be through by five.
I will.
Maybe some water.
Men say a lot of things.
No thanks. I'm just having a look round.
No, it's rented.
Nothing much.
Oh, what a pity!
She's an architect.
That's all right.
Thought I'd cycle to the gym. Not much point in driving there.
Well, let's hope it lasts.
Yes, not too bad, thanks.
Yes, please do.
Yes, speaking.

I can't afford [ə'fɔːd] it	ich kann es mir nicht leisten
the loo [luː]	das Klo
may I join [dʒɔɪn] you?	darf ich mich zu Ihnen setzen?
cycle to the gym	mit dem Rad zum Fitnesscenter fahren

Dual choice: Two men stole a bank (or did they?)

Welches Wort passt?

a) The shipment must be __________ against loss and damage.
ensured · insured

b) The safety of civilians must be __________.
ensured · insured

c) The missing boy's body was __________ in a field not far from his home.
found · founded

d) The company was __________ in 2002.
found · founded

e) Thieves broke into the house and __________ my digital camera.
robbed · stole

f) The man put a gun to his head and __________ him of cash and his mobile phone.
robbed · stole

g) Police are searching for two men who __________ a bank in Gambrills yesterday.
robbed · stole

h) Police are searching for two men who __________ a car in Gambrills yesterday.
robbed · stole

i) How long are you going to __________ ?
remain · stay

j) Not much __________ of the once thriving settlement except the parish church.
remains · stays

k) The country's higher education system __________ the envy of the world.
remains · stays

l) They invited me to __________ the night.
remain · stay

shipment ['ʃɪpmənt]	Lieferung
insure [ɪn'ʃʊə]	versichern
ensure [ɪn'ʃɔː]	sichern; gewährleisten
loss and damage ['dæmɪdʒ]	Verlust und Beschädigung
the safety of civilians [sə'vɪliənz]	die Sicherheit von Zivilisten / Zivilpersonen
found [faʊnd]	gründen
search [sɜːtʃ] for	suchen nach
the once thriving ['θraɪvɪŋ] settlement	die einst blühende Siedlung
parish church [pærɪʃ 'tʃɜːtʃ]	Pfarrkirche
the higher education system ['sɪstəm]	das höhere Schulwesen
the envy ['envi] of the world	„der Neid der Welt"

„Nächste" – „letzte": *The next train from the nearest station*

Das räumlich Nächste ist *the nearest*; das in der Reihenfolge als Nächstes Kommende ist *the next.*
The last bezeichnet das Letzte, nach dem nichts mehr kommt; „letzte" in der Bedeutung „neueste" ist dagegen *latest.* Also *his **latest** novel* bei einem noch lebenden Schriftsteller, dagegen *"The Tempest" was Shakespeare's **last** play.*
Besonders zu beachten das Hinzusetzen von *few* bei:
„in den nächsten Tagen/Wochen" etc. *in the next **few** days/weeks* etc.
„in den letzten Tagen/Wochen" etc. *in the last **few** days/weeks* etc.
„In letzter Zeit" ist nicht etwa ~~*in the last time*~~, sondern schlicht *recently.*

Übersetzen Sie.

a) Wo ist das nächste Internetcafé?
b) Ich steige an der nächsten Haltestelle aus.
c) Wer wird der nächste Präsident der Vereinigten Staaten?
d) Der nächste Stern ist 4,2 Lichtjahre entfernt.
e) Der Nächste bitte!
f) In Australien ist dein nächster Nachbar vielleicht 50 Meilen entfernt.
g) Die Energiekosten werden in den nächsten Jahren enorm steigen.
h) In den letzten Wochen ist viel passiert.
i) Während der letzten Monate hat die Venus ihren Abstand zur Sonne ständig vergrößert.
j) Wir haben gerade noch den letzten Bus geschafft.
k) Sie kämpften bis zum letzten Mann.
l) Sie gab ihm ihr letztes Geld.
m) Wir kamen als Letzte (an).
n) Der Kapitän verließ als Letzter das Schiff.
o) Die letzten Nachrichten sind nicht sehr ermutigend.
p) Er hat sich in letzter Zeit sehr gebessert.

4.2 light years ['laɪt jɪəz] away	4,2 Lichtjahre entfernt
energy costs ['enədʒi kɒsts] ⚠	(die) Energiekosten
rise enormously [ɪ'nɔːməsli]	enorm (an)steigen
a lot has happened ['hæpənd]	es ist viel passiert
increase [ɪn'kriːs] steadily	ständig vergrößern
distance ['dɪstəns] from the Sun	Abstand zur Sonne
fight [aɪ] – fought [ɔː] – fought	kämpfen – kämpfte – gekämpft
encouraging [ɪn'kʌrɪdʒɪŋ]	ermutigend
improve [ɪm'pruːv]	sich bessern (→ S. 77)

Aussprache: *The liquor-drinking vicar getting sicker*

Unter den folgenden Wörtern reimen sich jeweils zwei miteinander. Schreiben Sie diese Wortpaare heraus.

ache	dizzy	hunt	red
air	done	juice	rent
aren't	doubt	limb	right
aunt	fez	loose	run
berry	food	lord	said
blood	foot	lose	says
Britain	front	meant	sicker
bury	gone	men	slim
busy	got	mood	start
cake	heart	mud	sword
choose	height	off	timer
climber	heir	on	vicar
comb	hen	out	written
cough	home	put	yacht

5

liquor ['lɪkə]	Schnaps
vicar ['vɪkə]	Pfarrer(in)
get sick [sɪk]	krank werden
ache [eɪk]	Schmerzen; wehtun
berry ['beri]	Beere
bury ['beri]	begraben
busy ['bɪzi]	beschäftigt
climber ['klaɪmə]	Bergsteiger(in)
comb [kəʊm]	Kamm; kämmen
cough [kɒf]	Husten; husten
dizzy ['dɪzi]	schwindlig
doubt [daʊt]	Zweifel; zweifeln
fez [fez]	Fes (= rote Filzkappe der Muslime)
height [haɪt]	Höhe
heir [eə]	Erbe, Erbin
limb [lɪm]	Glied
loose [lu:s]	lose
lose [lu:z] – lost – lost	verlieren – verlor – verloren
mud [mʌd]	Schlamm; Matsch
slim [slɪm]	schlank
sword [sɔ:d]	Schwert

False friends: With friends like these ...

... *who needs enemies?* „Wer braucht Feinde, wenn er solche Freunde hat?“ Eine herrlich unterkühlte, resignierende Art auszudrücken, dass einem Freunde zum Problem werden können.
Wir nun haben es im Englischen mit echt gefährlichen falschen Freunden zu tun, die uns sprachlich in des Teufels Küche (*into a hell of a mess*) bringen können.
Hier ist die erste Hälfte unserer „Fahndungsliste“; die zweite finden Sie auf S. 69. (Vergleichen Sie zu *false friends* auch noch die Seiten 98 und 136.)

Versuchen Sie (richtig) zu übersetzen.

a) in der **aktuellen** Situation
b) die **aktuelle** Mode
c) ein Thema von **aktuellem** Interesse
d) einen **Beamer** einsetzen
e) ein Baby **bekommen**
f) ich will mich nicht **blamieren**
g) sei schön **brav**!
h) der **Chef** von Airbus
i) die Geschäfte in der **City**
j) ein **cleverer** Geschäftsmann
k) der Kölner **Dom**
l) ein **engagierter** Umweltschützer
m) politisch **engagierte** Bürger
n) ein **eventueller** Nachfolger
o) eine Schokoladen**fabrik**
p) ein **famoser** Kerl
q) eine **blühende Fantasie**
r) ein berühmter **Fotograf**
s) ein **genialer** Schachzug
t) für Hunde ist Schokolade **Gift**
u) wo ist mein **Handy**?
v) das wäre nicht **human**
w) das Schild **irritiert** die Autofahrer
x) eine **konsequente** Herangehensweise
y) **konsequent** handeln
z) Fahrkarten **kontrollieren**
aa) multinationale **Konzerne**
bb) **Kritik** ernst nehmen
cc) es ist eine interessante **Lektüre**

Idioms: Wenn man am falschen Baum hochbellt

Die englischen Sätze enthalten häufig gebrauchte Redensarten. Ordnen Sie sie den deutschen Entsprechungen zu.

a) I don't know what you're on about.
b) I think you're barking up the wrong tree.
c) I'm all at sea with this problem.
d) I'm dying for her to come back.
e) She thinks nothing of phoning you in the middle of the night.
f) She's the spitting image of her mother.
g) She's used to having things her own way.
h) The ball is in your court now.
i) The jury is still out on this question.
j) This program is the best thing since sliced bread.
k) We're beginning to get on top of this problem.
l) You can't walk out on me like this.

a) Bei dieser Aufgabe blicke ich nicht mehr durch.
b) Da bist du wohl auf dem Holzweg.
c) Darüber ist das letzte Wort noch nicht gesprochen.
d) Dieses Programm ist einfach toll.
e) Du kannst mich doch nicht einfach so sitzen lassen.
f) Ich sehne mich danach, dass sie zurückkommt.
g) Ich weiß nicht, wovon du redest.
h) Jetzt bist du am Zug.
i) Sie findet nichts dabei, einen mitten in der Nacht anzurufen.
j) Sie ist es gewohnt, ihren Willen durchzusetzen.
k) Sie ist ihrer Mutter wie aus dem Gesicht geschnitten.
l) Wir kriegen dieses Problem allmählich in den Griff.

be on about something	(in ermüdender Weise) von etwas reden
bark up the wrong tree	am falschen Baum hochbellen
be dying for something to happen	unbedingt wollen, dass etwas geschieht
phone [fəʊn] someone	jemand anrufen
in the middle ['mɪdl] of the night	mitten in der Nacht
be the spitting image [spɪtɪŋ 'ɪmɪdʒ] of someone	jemand wie aus dem Gesicht geschnitten sein
be used to ['ju:stə] something	etwas gewohnt sein
court [kɔ:t]	(*z. B. Tennis:*) (Spiel-)Feld
the jury ['dʒʊəri] is still out	„die Geschworenen beraten noch"
sliced bread [slaɪst 'bred]	(in Scheiben) geschnittenes Brot
get on top of something	etwas in den Griff bekommen
walk out on someone	jemand verlassen / sitzen lassen

5

Fruitcake Crossword

Für „verrückt" gibt es im Englischen unendlich viele, zum Teil reizend bildhafte Ausdrucksmöglichkeiten: *mad as a hatter* („wie ein Hutmacher"), *mad as a March hare* („wie ein Märzhase"), *round the bend* („um die Kurve"), *out to lunch* („weg zum Mittagessen") und eben auch: *nutty as a fruitcake*. Inzwischen ist *fruitcake* selbst zu einem Synonym für *lunatic* [ˈluːnətɪk], *madman, madwoman* geworden.
He's (as) nutty as a fruitcake ist also ein bildhafter Ausdruck für „er ist total verrückt". Wir haben nichts Entsprechendes, wohl aber Ausdrücke wie „dumm wie Bohnenstroh", „klar wie Kloßbrühe" oder „blau wie ein Veilchen". Das Englische hat sehr viel mehr solcher Vergleiche als das Deutsche.

Versuchen Sie im *Crossword* jeweils das passende Vergleichswort einzusetzen.

ACROSS

1 as cheap as _____
5 as proud as a _____
6 as good as _____
7 as fit as a _____
9 as cool as a _____
11 as drunk as a _____
12 as busy as a _____
13 as dull as _____
14 as brave as a _____
16 as light as a _____
17 as strong as an _____

DOWN

2 as hard as a _____
3 as clear as _____
4 as black as _____
5 as flat as a _____
7 as nutty as a _____
8 as dead as a _____
10 as blind as a _____
15 as cold as _____
16 as cunning as a _____

Präpositionen: *You pay the cabby but pay for things bought*

Beachten Sie das vom Deutschen abweichende *for*: *You pay* ***for*** *your groceries, you pay* ***for*** *tickets,* ***for*** *your evening paper, etc., but you pay the taxi driver, the electrician, your taxes.* Also:

die Medikamente bezahlen	= pay **for** the drugs
die Behandlung bezahlen	= pay **for** the treatment
das Arzthonorar bezahlen	= pay the doctor's fee
den Arzt bezahlen	= pay the doctor

Setzen Sie – wo nötig – passende Präpositionen ein.

a) Under torture people often confess __________ crimes they never committed.
b) The shop deals __________ rare books and manuscripts.
c) The shop specializes __________ fine 19th century French antiques.
d) Global warming is a problem all governments have to deal __________.
e) They all laughed __________ Christopher Columbus when he said the world was round.
f) We left the dog __________ a neighbour when we went __________ holiday.
g) The chair is made __________ nickel-plated steel.
h) Most butter is made __________ cow's milk.
i) What do you mean __________ that?
j) Our attempts to settle the matter amicably didn't meet __________ success.
k) He was operated __________ __________ a hernia.
l) If you cancel and have already paid __________ the goods, you will receive a full refund.
m) Many manufacturing jobs have been replaced __________ machines or robots.
n) The wounded man was screaming __________ pain.
o) The whole place smelled __________ disinfectant, and the wine tasted __________ it.
p) Hello, this is Bill Clark. Can I speak __________ Ms Lindsay, please?
q) He was wounded __________ the leg.

commit [kə'mɪt] a crime	ein Verbrechen begehen
century ['sentʃəri]	Jahrhundert
antiques [æn'ti:ks]	Antiquitäten
global warming [gləʊbl 'wɔ:mɪŋ]	(die) Erderwärmung
deal with a problem ['prɒbləm]	sich mit einem Problem befassen
settle a matter amicably ['æmɪkəbli]	eine Sache gütlich beilegen / regeln
meet with success [sək'ses]	Erfolg haben
operated on for a hernia ['hɜ:niə]	wegen eines Leistenbruchs operiert
cancel ['kænsl] an order	einen Auftrag stornieren
refund ['ri:fʌnd]	Rückzahlung; Rückerstattung

6

„Uns" ist nicht immer *us*

Entsprechungen für „uns" können sein: *us, ourselves, ours, each other* oder *one another*. Vielfach bleibt „uns" unübersetzt.

Übersetzen Sie.

a) Unsere Eltern lieben uns bedingungslos.
b) Die Bibel sagt, wir sollen andere lieben, wie wir uns selbst lieben.
c) Wir lieben uns, aber wir streiten uns auch viel.
d) Wir wollen uns nichts vormachen.
e) Eine Freundin von uns ist Ärztin.
f) Wenn wir anderen schaden, schaden wir uns selbst.
g) Wir werden uns eine Insel im Südpazifik kaufen.
h) Wir fürchten uns vor uns selbst.
i) Uns war beiden kalt.
j) Wir haben uns alle verändert.
k) Wir treffen uns alle 14 Tage.
l) Wir sollten uns bei ihr entschuldigen.
m) Wir können es uns nicht leisten, zu wenig für unser Bildungswesen auszugeben.

6

parents ['peərənts]	Eltern
unconditional(ly) [ʌnkən'dɪʃnəl(i)]	bedingungslos
the Bible ['baɪbl]	die Bibel
fight [faɪt] / quarrel ['kwɒrəl] / argue ['ɑ:gju:]	sich streiten
delude [dɪ'lu:d] oneself	sich etwas vormachen
harm [hɑ:m] someone	jemand schaden
buy [baɪ] (oneself) something	(sich) etwas kaufen
island ['aɪlənd]	Insel
the South Pacific [pə'sɪfɪk]	der Südpazifik
be afraid [ə'freɪd] of someone	sich vor jemand fürchten
I'm cold [kəʊld]	mir ist kalt
change [tʃeɪndʒ]	(sich) verändern
meet [mi:t]	sich treffen
every two weeks [wi:ks]	alle 14 Tage
apologize [ə'pɒlədʒaɪz]	sich entschuldigen
we cannot afford [ə'fɔ:d] to do that	wir können es uns nicht leisten, das zu tun
spend money ['mʌni] on something	Geld für etwas ausgeben
education [edju'keɪʃn]	(die) Bildung; (das) Bildungswesen

„Dürfen" – *If I may make a suggestion …*

„Wenn ich einen Vorschlag machen darf ...", schauen Sie sich diese Sätze (und ihre Übersetzungen) genau an. „Dürfen" drückt wichtige Nuancen aus, und es ist nicht immer leicht, die passende englische Entsprechung zu finden:

may
can (*auch wenn Puristen manchmal Einwände erheben*)
be allowed to
mustn't ['mʌsnt]
should
shouldn't

Übersetzen Sie.

a) Dürfen wir ein Wörterbuch benutzen?
b) Ja, Sie dürfen ein Wörterbuch benutzen.
c) Werden wir ein Wörterbuch benutzen dürfen?
d) Leider durften wir kein Wörterbuch benutzen.
e) Ich weiß nicht, ob ich ihn hätte besuchen dürfen.
f) Du darfst nicht so viel Zucker essen.
g) Du darfst die Hoffnung nicht verlieren.
h) Der Hund weiß, dass er hier nicht bellen darf.
i) So etwas dürfte ein Lehrer nicht sagen.
j) Das hättest du nicht sagen dürfen.
k) Diese Änderungen dürften leicht durchzuführen sein.
l) Es dürfte nicht allzu schwierig sein, ein Zimmer zu finden.
m) Das dürfte eigentlich keinen Unterschied machen.

use a dictionary ['dɪkʃənəri]	ein Wörterbuch benutzen
unfortunately [ʌn'fɔːtʃənətli]	leider
visit ['vɪzɪt] someone	jemand besuchen
sugar ['ʃʊgə]	Zucker
lose [luːz] hope ⚠	die Hoffnung verlieren
bark [bɑːk]	bellen
make changes ['tʃeɪndʒɪz]	Änderungen durchführen
easy ['iːzi] to make	leicht zu machen / durchzuführen
difficult ['dɪfɪkəlt]	schwierig
difference ['dɪfrəns]	Unterschied

Have: another heavy-duty verb

Have ist nach *be* (*is, was*) das zweithäufigste englische Verb und wird in einer Vielzahl von Kollokationen verwendet, in denen statt *have* auch ein anderes Verb stehen könnte. Oft ist die Variante mit *have* besonders geläufig und idiomatisch.

Ersetzen Sie *have* durch ein anderes Verb mit etwa gleicher Bedeutung.

a) I had a look at the room and it was very nice.
b) During the hottest part of the day they had a rest to recharge their batteries.
c) Before dinner we had a walk in the park and made the acquaintance of a donkey.
d) She has arthritis.
e) The book had considerable success.
f) The company has an excellent reputation.
g) I have little Latin and no Greek.
h) I had a letter from her just a few weeks ago.
i) I won't have this sort of behaviour in my class.
j) We've been had.
k) He'd had three whiskies and was a bit drunk.
l) She had it copied for all the students.
m) She had twins.
n) Shall we have a game of chess?
o) She's having an affair with a colleague.
p) The cold-blooded dictator had no mercy for those who opposed him.

have a rest [rest]	sich ausruhen
recharge their batteries ['bætəriz]	neue Kräfte sammeln / tanken
acquaintance [ə'kweɪntəns]	Bekanntschaft
considerable [kən'sɪdərəbl] success	beträchtlicher Erfolg
an excellent ['eksələnt] reputation	ein ausgezeichneter Ruf
this sort of behaviour [bɪ'heɪvjə]	so ein Benehmen
she had it copied ['kɒpid]	sie ließ es kopieren
twins [twɪnz]	Zwillinge
have a game of chess [tʃes]	eine Partie Schach spielen
colleague ['kɒli:g] ⚠	Kollege, Kollegin
cold-blooded ['kəʊld blʌdɪd]	kaltblütig
have no mercy ['mɜ:si] for someone	kein Erbarmen mit jemand haben
oppose [ə'pəʊz] someone	sich jemand entgegenstellen

Multiple choice: Looking incredulously at incredible targets

In diesem Test geht es um ähnlich geschriebene und/oder gesprochene Wörter, die deshalb leicht verwechselt werden – übrigens manchmal auch von Muttersprachlern.

Welches Wort passt?

a) Her colleagues were __________ when she told them she planned to become an actress.
incredible · incredibly · incredulous · incredulously

b) Her colleagues looked at her __________ when she said, "I've decided I'm going to be an actress."
incredible · incredibly · incredulous · incredulously

c) We all know that it is __________ difficult to become a movie star.
incredible · incredibly · incredulous · incredulously

d) She had to overcome __________ difficulties to become a successful actress.
incredible · incredibly · incredulous · incredulously

e) She has won everything, __________ Olympic gold.
accept · except · excess · expect

f) We __________ to win gold and anything less than gold would be a disappointment.
accept · except · excess · expect

g) We have to __________ that we can't win gold every time.
accept · except · excess · expect

h) There's an __________ of office space in this area.
accept · except · excess · expect

colleague ['kɒli:g] ⚠	Kollege, Kollegin
incredible [ɪn'kredəbl]	unglaublich
incredulous [ɪn'kredjələs]	ungläubig; skeptisch
I've decided [dɪ'saɪdɪd]	ich habe beschlossen
overcome difficulties ['dɪfɪkəltiz]	Schwierigkeiten überwinden
accept [ək'sept]	akzeptieren; annehmen
except [ɪk'sept]	außer
an excess [ɪk'ses] of	ein Übermaß an
expect [ɪk'spekt]	erwarten
anything less than gold [gəʊld]	alles, was weniger als Gold ist
disappointment [dɪsə'pɔɪntmənt]	Enttäuschung
office space ['ɒfɪs speɪs]	Bürofläche(n)

„Erhöhen", „steigen", „senken", „sinken", „fallen" etc.

Hier ist vor allem der Unterschied zwischen *raise* (transitiv) und *rise* (intransitiv) zu beachten. Andererseits können *increase* und das sehr viel seltenere *decrease* sowohl transitiv als auch intransitiv verwendet werden, sind also relativ „sicher", wenn auch nicht immer die gängigste Ausdrucksform. Beachten Sie im Schlüssel die Reihenfolge der Varianten – die erste ist immer die am häufigsten gebrauchte.

Verwenden Sie bei der Übersetzung die folgenden Verben.

climb, decrease, drop, fall, go down, go up, heighten, increase, lower, put up, raise, reduce, rise, sink

a) Die Fahrpreise sind **erhöht** worden.
b) Die Flugpreise sind um 12 Prozent **gestiegen**.
c) Wir sind außerstande, unsere Preise zu **senken**.
d) Wir haben unsere Kosten **senken** können.
e) Im Moment **sinken** die Ölpreise.
f) Die Musik **erhöht** die Spannung.
g) Er ist 85, aber **steigt** immer noch auf Bäume.
h) Die Titanic **sank** am 15. April 1912.
i) Wenn die Temperaturen **sinken**, steigen die Heizkosten.
j) Er **fiel** auf die Knie.
k) Pass auf, dass du die Teller nicht **fallen** lässt.

fare [feə]	Fahrpreis; Flugpreis
airfare ['eəfeə]	Flugpreis
be unable [ʌn'eɪbl]	außerstande sein
be able ['eɪbl] to do something	etwas tun können
costs [kɒsts] ⚠	Kosten
at the moment ['məʊmənt] ⚠	im Moment / Augenblick
tension ['tenʃn]	Spannung
temperature ['temprətʃə]	Temperatur
knee [niː]	Knie
make sure you ... [meɪk 'ʃʊə]	pass auf, dass du ...
plate [pleɪt]	Teller

➧ Wie man ein Datum spricht:
on the fifteenth of April, nineteen twelve
on April the fifteenth, nineteen twelve

„Fahren": *PRETTY GIRLS DON'T RIDE THE SUBWAY*

„Hübsche Mädchen fahren nicht mit der U-Bahn" – diesen blöden Slogan haben wir uns nicht ausgedacht, sondern er erschien mehrere Stunden lang auf einer elektronischen Anzeigetafel (= *electronic message board*) in einer New Yorker *subway station*. Ein elektronisch gewitzter Spaßvogel hatte ihn dort platziert, und es dauerte geraume Zeit, bis Befugte den unerwünschten Hinweis beseitigt hatten.

Wir behandeln hier Entsprechungen für „fahren", um Ihnen deutlich zu machen, dass „fahren" längst nicht immer *drive* ist. *Drive* ist lediglich angebracht, wenn die Tätigkeit als „Fahrzeugführer" betont werden soll.

Setzen Sie das passende Wort für „fahren" in der richtigen Form ein.

a) We're __________ on holiday next week.
b) I'm __________ to Paris on business today and will be back next week.
c) Why don't you __________ by train?
d) More than 4.5 million people __________ the subway each day in New York.
e) He was __________ about 90 mph when police stopped him.
f) She __________ a nice car, eats at elegant restaurants, and wears beautiful clothes.
g) You really should __________ more carefully.
h) In the UK cars __________ on the left-hand side of the road.
i) The mothers in our group take turns __________ the children to school.
j) Can you __________ a bike?
k) The train only __________ on weekdays.
l) When does the next bus __________?

go on holiday ['hɒlədeɪ]	in Urlaub / in die Ferien fahren
on business ['bɪznəs]	geschäftlich
by train [baɪ 'treɪn]	mit dem Zug
subway ['sʌbweɪ]	*AE* U-Bahn
90 mph [em pi: 'eɪtʃ] (= miles per hour)	(= 145 km/h)
when police [pə'li:s] stopped him	als Polizisten ihn anhielten / die Polizei ihn anhielt (police *ist Plural!*)
restaurant ['restərɒnt]	Restaurant
she wears [weəz] beautiful clothes [kləʊðz]	sie trägt schöne Sachen
(more) carefully ['keəfəli]	vorsichtig(er)
take turns doing something	etwas abwechselnd tun
bike [baɪk] / bicycle ['baɪsɪkl]	Fahrrad

„Schon": *Has she left yet? Has she left already?*

Die englischen Entsprechungen für „schon" sind etwas für Fortgeschrittene. Dass sowohl *yet* als auch *already* das Wort der Wahl sein kann, sehen wir schon (!) in der Überschrift:
yet fragt nur sachlich, ob es schon passiert ist;
already drückt Erstaunen darüber aus, dass es schon passiert ist.
Darüber hinaus gibt es ein paar ungefähre idiomatische Entsprechungen (*as early as, before*); mitunter bietet sich das **Perfekt** an („Wie lange kennst du ihn schon?" = *How long have you known him?*) oder die **Verlaufsform** („Ich komm ja schon." = *I'm coming.*); in vielen Fällen aber ist „schon" ein die Aussage nuancierendes **Füllwort**, das im Englischen gar keinen Ausdruck findet („Es war schon ein eigenartiges Gefühl." = It **was** a strange feeling.).

Übersetzen Sie.

6

a) Als wir kamen, hatte die Show schon begonnen.
b) Wir haben schon für nächstes Jahr gebucht.
c) Musst du denn schon gehen?
d) Sie konnte schon mit vier Jahren lesen und schreiben.
e) Schimpansen haben schon in der Steinzeit Werkzeuge benutzt.
f) Vielleicht sieht morgen alles schon wieder rosiger aus.
g) Werden Sie schon bedient?
h) Welche Frau würde mich schon heiraten wollen?
i) Wir sind schon ein seltsames Paar, nicht?
j) Schon bei dem bloßen Gedanken daran wird mir übel.
k) Wie lange kennst du Judy schon?
l) Sind Sie schon mal in Australien gewesen?
m) Diesen Film habe ich schon mal gesehen.
n) Ich war schon immer Pessimist.
o) Ist sie schon gegangen?
p) Sie hat es mir schon erzählt.
q) Sie ist schon lange tot.
r) Ich suche dich schon seit einer halben Stunde.

when she was four	mit vier Jahren
chimp / chimpanzee [tʃɪmpæn'zi:]	Schimpanse
the Stone Age ['stəʊn eɪdʒ]	die Steinzeit
use tools [ju:z 'tu:lz]	Werkzeuge benutzen
look brighter ['braɪtə]	rosiger aussehen
serve [sɜ:v] someone	jemand bedienen
an odd pair [ɒd 'peə]	ein seltsames Paar
the mere thought [mɪə 'θɔ:t]	der bloße Gedanke

Deutsch: Verb + Nomen – Englisch: *be* + Adjektiv

In manchen Fällen entspricht
der deutschen Verbindung **Verb** (häufig: „haben") + **Nomen**
im Englischen die Fügung ***be*** + **Adjektiv**:

Angst haben	be afraid
Durst haben	be thirsty
eine Riesenwut haben	be furious
	be hopping mad
Erfolg haben	be successful
Frust haben	be frustrated
Geduld haben	be patient
Glück haben	be lucky
Hunger haben	be hungry
keinen Erfolg haben	be unsuccessful
Pech haben	be unlucky
sich Sorgen machen	be worried
Wirkung zeigen	be effective
zur Verfügung stehen	be available

6

Benutzen Sie diese Ausdrücke nun bei der Übersetzung.

a) Hast du Angst vor mir?
b) Du hast Glück gehabt.
c) Wir hatten Pech mit dem Wetter.
d) Die Kinder hatten großen Hunger.
e) Ich habe keinen Durst.
f) Er hat Erfolg bei Frauen.
g) Diese Bemühungen hatten keinen Erfolg.
h) Du musst Geduld mit ihm haben.
i) Sie hat eine Riesenwut auf ihn.
j) Ich habe Frust und ärgere mich über mich selber.
k) Wir machen uns große Sorgen.
l) Diese Formulare stehen online zur Verfügung.
m) Diese Maßnahmen zeigten keine Wirkung.

weather ['weðə]	Wetter
efforts ['efəts]	Bemühungen
be angry at / with someone	sich über jemand ärgern
form [fɔːm]	Formular
measures ['meʒəz]	Maßnahmen

Collocations Crossword

Setzen Sie im *Crossword* das jeweils passendste Verb in der richtigen Form ein:

ask, bring, have, live, make, meet, pay, reach, serve, take, treat, wage

ACROSS

3 When my great-grandmother turned 100, the mayor __________ her a visit.

5 We do our best to __________ our customers' demands.

9 We are happy to field any questions you may wish to __________.

11 He was recently released after __________ six years for manslaughter.

12 They seem to have __________ the conclusion that talking is better than fighting.

DOWN

1 I __________ a talk with my doctor and he advised me to give up smoking.

2 If you __________ a promise, you should do your best to keep it.

4 I can't really remember where I __________ this photo.

6 Last night, her sons __________ her to a fabulous Chinese dinner in Soho.

7 Money doesn't __________ happiness – nor does the lack of it.

8 The best use of an army is not to __________ war, but to keep the peace.

10 He jetted between five homes around the world and __________ a life of luxury.

False friends are worse than open enemies

Hier nun der „Fahndungsliste" zweiter Teil (→ S. 56; vergleichen Sie zu *false friends* auch noch die Seiten 98 und 136).
Beachten Sie nicht zuletzt die hinterhältigen „Scheinengländer in unserer Mitte": Mobbing, Smoking und Wellness.

Versuchen Sie (richtig) zu übersetzen.

a) **Mobbing** am Arbeitsplatz
b) den **Mörder** fangen
c) sich **Notizen** machen
d) eine **Novelle** von Hemingway
e) das zweite Fernseh**programm**
f) eine **Provision** von 20 Prozent
g) jemandes Papiere **prüfen**
h) einen Schüler **prüfen**
i) die letzte **Rate** bezahlen
j) eine **Rente** beziehen
k) nur auf **Rezept** erhältlich
l) einen kurzen **Rock** tragen
m) die **Rückseite** des Hauses
n) Finnlands unzählige **Seen**
o) sein **selbstbewusstes** Auftreten
p) Rundfunkprogramme **senden**
q) ein **sensibler** Mensch
r) ein **seriöser** Herr
s) eine **seriöse** Firma
t) einen **Smoking** tragen
u) Geld **sparen**
v) Geld **spenden**
w) eine **sympathische** Frau
x) das **Thema** wechseln
y) ein Gesprächs**thema**
z) eine Bemerkung (absichtlich) **überhören**
aa) einen Fehler **übersehen**
bb) **wandern** gehen
cc) **Warenhäuser** wie Harrods in London
dd) ein **Wellness**-Hotel
ee) **wer** ist der beste Spieler?
ff) **wo** sind die Schlüssel?

Nomen, die im Gegensatz zum Deutschen ohne Artikel stehen

Beachten Sie beim Übersetzen der folgenden Ausdrücke, dass die englischen Entsprechungen der fett gedruckten Nomen ohne *the* stehen.

a) die Weisheit, die mit **dem Alter** kommt
b) etwas gegen **die Arbeitslosigkeit** tun
c) der Kampf gegen **die Armut**
d) mehr Geld für **die Bildung**
e) wir müssen **das Böse** bekämpfen
f) die Vorteile **der Demokratie**
g) Sex vor **der Ehe**
h) für **die Freiheit** sterben
i) was wir aus **der Geschichte** lernen können
j) die Rolle der Frau in **der Gesellschaft**
k) die Zunahme **der Gewalt**
l) wem nützt **die Globalisierung**?
m) in **der Industrie** arbeiten
n) traumatische Erlebnisse in **der Kindheit**
o) in **den Krieg** ziehen
p) der Hund in **der Kunst** und **Literatur**
q) **die Landwirtschaft** subventionieren
r) sie liebte **das Leben**
s) was **die Leute** über uns sagen
t) in **der Liebe** ist alles möglich
u) Frauen an **der Macht**
v) für **die Meinungsfreiheit** kämpfen
w) aus **der Mode** kommen
x) die Freuden **der Musik**
y) die Schönheiten **der Natur**
z) was in **der Politik** passiert
aa) sein Interesse an **der Religion**
bb) die Gefahren **der Technik**
cc) jemand vor **dem Tod** bewahren
dd) für **die Unabhängigkeit** kämpfen
ee) **das Wirtschaftswachstum** fördern
ff) wie doch **die Zeit** vergeht!

the role of women ['wɪmɪn]	die Rolle der Frau
who benefits ['benɪfɪts] (from it)?	wem nützt es?
experiences [ɪk'spɪəriənsɪz]	Erlebnisse
subsidize ['sʌsɪdaɪz]	subventionieren

7

Multiple choice: Confusables and other nuisances

Welches Wort passt?

a) The tranquilizer helped him to stay __________ and avoid panic.
calm · calmly · quiet · quietly

b) The child kept completely __________, never said a word.
calm · calmly · quiet · quietly

c) The financial markets reacted __________ to the election results.
calm · calmly · quiet · quietly

d) Excuse me, could you speak more __________, people are trying to work.
calm · calmly · quiet · quietly

e) Working __________ doesn't always guarantee success.
hard · hardly · heavy · heavily

f) He learned his ideals from his __________-working parents and passed them on to his own children.
hard · hardly · heavy · heavily

g) They lent me the money even though they __________ knew me.
hard · hardly · rare · rarely

h) The shop deals in __________ books and manuscripts.
infrequent · rare · rarely · seldom

i) We have to __________ to the environment to survive.
abide · adapt · adept · adopt

j) We all have to __________ by the rules and regulations.
abide · adapt · adept · adopt

k) As an exporting nation we have to be __________ at dealing with different cultures.
abide · adapt · adept · adopt

l) If we want to save the planet, we have to __________ sustainable lifestyles and working practices.
abide · adapt · adept · adopt

confusables [kən'fju:zəblz]	leicht zu verwechselnde Wörter
tranquilizer ['træŋkwəlaɪzə]	Beruhigungsmittel
calm(ly) ['kɑ:m(li)]	ruhig (= *unaufgeregt*)
quiet(ly) ['kwaɪət(li)]	still, ruhig, leise (= *geräuscharm*)
guarantee [gærən'ti:] success	Erfolg garantieren
work hard – hard work	schwer arbeiten – schwere Arbeit
hardly ['hɑ:dli]	kaum ⚠
abide [ə'baɪd] by the law	sich an das Gesetz halten
adapt [ə'dæpt] to something	sich an etwas anpassen
be adept [ə'dept] (at something)	geschickt / gut sein (in etwas)
sustainable [sə'steɪnəbl]	nachhaltig; umweltgerecht

„Von“: *Of Mice and Men* „Von Mäusen und Menschen“

Of Mice and Men heißt der kleine, tragisch ausgehende Roman (1937) des Nobelpreisträgers John Steinbeck (1902–68). ***Of*** ist die häufigste Entsprechung für „von“, aber ***from*** („von ... her“) ist ebenfalls häufig, und ***by*** bezeichnet oft den „Urheber“ der Handlung.

Übersetzen Sie.

a) Ruth ist eine Freundin von ihr.
b) Hast du ein Foto von ihr?
c) Sie ist eine Frau von Charakter.
d) Es war sehr nett von ihr.
e) Der Ring ist ein Geschenk von ihm.
f) Er stammt von der Küste.
g) Sie zogen von Montrose nach Aberdeen.
h) Montrose liegt südlich von Aberdeen.
i) Es ist eine Entfernung von etwa 40 Meilen.
j) Hier ist ein Bericht von unserem Korrespondenten in Moskau.
k) Er ruft von Zeit zu Zeit an.
l) Von hier an wird es leichter.
m) Sie waren beide müde von der Arbeit.
n) Ich sah, wie er von der Brücke sprang.
o) Er verlor das Gleichgewicht und fiel von der Leiter.
p) Er lieh sich Geld von ihr.
q) Ich kaufte es von meinem Taschengeld.
r) Sie wurde von ihm getäuscht.
s) Von wem wurde das Radio erfunden?
t) Ich habe gerade einen Roman von Steinbeck gelesen.
u) Sie hat ein Kind von ihm.
v) Von Beruf ist sie Psychologin.

move [muːv] from Montrose to Aberdeen	von Montrose nach Aberdeen ziehen
distance ['dɪstəns]	Entfernung
report [rɪ'pɔːt]	Bericht
lose one's balance (– lost – lost)	das Gleichgewicht verlieren
ladder ['lædə]	Leiter
borrow money ['mʌni]	(sich) Geld leihen / borgen
buy [baɪ] – bought [bɔːt] – bought	kaufen – kaufte – gekauft
deceive [dɪ'siːv] someone	jemand täuschen
invent [ɪn'vent] something	etwas erfinden
novel ['nɒvl]	Roman ⚠
psychologist [saɪ'kɒlədʒɪst]	Psychologe, Psychologin

Prepositions for pleasure

Die folgenden Sätze enthalten wieder ein paar unangenehme (aber hoffentlich lehrreiche) Überraschungen. Sie wissen ja: *prepositions are a prime source of error.*

Setzen Sie – wo nötig – passende Präpositionen ein.

a) Welcome __________ London!
b) Welcome __________ home!
c) The editor sent me a cheque __________ £50 for my story and I was overjoyed.
d) I only have 70 dollars __________ my account __________ the moment.
e) If you already have an account __________ us, simply type in your name and password.
f) We offer our customers a discount of 10 per cent __________ condition that they pay within four weeks.
g) The islanders are living __________ fear of the next tsunami.
h) Many old people don't go out after dark __________ fear of being robbed.
i) When she heard that her son was alive, she wept __________ joy.
j) The children laughed __________ joy and excitement.
k) The last point, although very interesting, was not discussed __________ lack of time.
l) Many people have trouble getting out of bed __________ the morning.
m) __________ the morning of December 7, 1941, the Japanese navy made its surprise attack on Pearl Harbor.
n) Do you know anyone __________ the name of Steve Holden?
o) She wrote three books __________ the name of Sarah Culara.
p) __________ my opinion he doesn't deserve to be described __________ a hero.

7

editor ['edɪtə]	Herausgeber(in); Redakteur(in)
overjoyed [əʊvə'dʒɔɪd]	überglücklich
account [ə'kaʊnt]	Konto
discount ['dɪskaʊnt]	Skonto; Preisnachlass; Rabatt
condition [kən'dɪʃn]	Bedingung
islander ['aɪləndə]	Inselbewohner(in)
weep [wi:p] – wept – wept	weinen – weinte – geweint
joy and excitement [ɪk'saɪtmənt]	Freude und Aufregung
lack of time [læk əv 'taɪm]	Zeitmangel
he has trouble getting out of bed	es fällt ihm schwer, aus dem Bett zu kommen
surprise attack [sə'praɪz ətæk]	Überraschungsangriff
deserve [dɪ'zɜ:v]	es verdienen

„Sich": *-self, each other* oder unübersetzt

Die in der Überschrift genannten sind die Hauptentsprechungen. Lediglich die letzten vier Sätze erfordern eine andere Lösung.

Übersetzen Sie.

a) Gönnen Sie sich eine Nacht im Ritz.
b) Beschränken Sie sich bitte auf ein Gepäckstück pro Person.
c) Er stellte sich vor.
d) Sie hält sich für äußerst großzügig.
e) Glücklicherweise gelang es dem Tier, sich zu befreien.
f) Und diese Leute bezeichnen sich als Demokraten.
g) Man muss sich selbst gegenüber ehrlich sein.
h) Sie lieben sich und wollen heiraten.
i) Die Kinder erzählten sich Geschichten und neckten sich.
j) Sie sollten sich bei ihr entschuldigen.
k) Sie hat sich sehr gut benommen.
l) Die Welt verändert sich.
m) Sie beschwerte sich beim Geschäftsführer.
n) Sie vermieden es, sich anzusehen.
o) Sie trafen sich in einem Pub in der Nähe des Bahnhofs.
p) Sie macht sich Sorgen um ihn.
q) Sie fürchtet sich vor Hunden.
r) Würden Sie bitte die Tür hinter sich zumachen.
s) Sie hat eine große Karriere vor sich.
t) Sie brach sich den rechten Arm.
u) Mehrere Gefangene nahmen sich das Leben.

7

treat [tri:t] oneself to something	sich etwas gönnen
restrict [rɪ'strɪkt] oneself to something	sich auf etwas beschränken
introduce [ɪntrə'dju:s] oneself	sich vorstellen
extremely generous ['dʒenərəs]	äußerst großzügig
honest ['ɒnɪst]	ehrlich
get married [get 'mærɪd]	heiraten
tease [ti:z] someone	jemand necken
apologize [ə'pɒlədʒaɪz] to someone	sich bei jemand entschuldigen
complain [kəm'pleɪn] to someone	sich bei jemand beschweren
avoid [ə'vɔɪd] doing something	es vermeiden, etwas zu tun
worry ['wʌri] about someone	sich um jemand Sorgen machen
prisoner ['prɪznə]	Gefangene(r)

„Falsch" – „Fehler": *I made the mistake of pulling at my false beard*

Setzen Sie ein passendes Wort für „falsch" ein: *false(ly), incorrect(ly)* oder *wrong(ly).*

a) It was easy to see that he was wearing a(n) __________ beard.
b) He was __________ accused of being a terrorist.
c) She originally came to the US under a(n) __________ name.
d) He pleaded guilty to giving __________ information to an immigration officer and faces deportation.
e) We lost because we did everything __________ from the start.
f) Some of the words were __________ spelled.
g) I don't like people who spell my name __________.
h) "Happyness" is a(n) __________ spelling of "happiness".
i) The incident proved to be a(n) __________ alarm.
j) "My watch says 4:17." – "Then your watch is __________."
k) Police officials admitted they had arrested the __________ man.

„Fehler", „Fehleinschätzung", „Fehlschlag", „Versagen"

Setzen Sie die passende Form von einem der folgenden Nomen ein: *error, failure, fallacy, fault, flaw* oder *mistake.*

7

l) The text contains a few grammatical __________.
m) I know I have my __________, but I'm doing my best to correct them.
n) The book has one serious __________ – it doesn't have an index.
o) The accident was due to human __________.
p) My decision was based on a(n) __________ of judgment.
q) It's not my __________ if you don't read the instructions, is it?
r) The mission was a complete __________.
s) It's a popular __________ to believe that wicks must be made of flammable material.

beard [bɪəd]	Bart
accuse [ə'kju:z] someone of something	jemand einer Sache anklagen
originally [ə'rɪdʒənəli]	ursprünglich
plead guilty ['gɪlti] to something	sich einer Sache schuldig bekennen
he faces deportation [di:pɔ:'teɪʃn]	ihm droht die Ausweisung
prove [pru:v] to be	sich erweisen als
admit [əd'mɪt]	zugeben; einräumen
was due [dju:] to	war zurückzuführen auf
error of judgment ['dʒʌdʒmənt]	Fehleinschätzung
wick [wɪk]	Docht

„Stehen" – „stellen"

Die englischen Entsprechungen von „stehen" und „stellen" bereiten manchmal Schwierigkeiten. Es besteht eben ein Unterschied zwischen „Auf dem Tisch steht ein leeres Weinglas" und „Auf dem Schild steht ZIMMER FREI".

Übersetzen Sie.

a) Die Freiheitsstatue steht seit 1886 an der Einfahrt zum New Yorker Hafen.
b) Ich stehe hier schon seit einer halben Stunde.
c) Das Klavier steht im Wohnzimmer.
d) Auf dem Tisch steht ein leeres Weinglas.
e) In der Zeitung steht nichts darüber.
f) Auf dem Schild steht ZIMMER FREI.
g) Wie steht es? – Eins zu null für Arsenal.
h) Das Kleid steht dir nicht.
i) Wie stehst du in der Schule?
j) Und wie steht es mit der Bezahlung?
k) Stell doch bitte die Weingläser auf den Tisch, ja?
l) Diese Lampe können wir ins Wohnzimmer stellen.
m) Darf ich Ihnen ein paar Fragen stellen?
n) Wie stellt man die Uhr?
o) Lass uns den Wecker auf 5 Uhr 30 stellen.

7

the Statue ['stætʃuː] of Liberty	die Freiheitsstatue
since 1886 (eighteen eighty-six)	seit 1886
the entrance ['entrəns] to the harbour ['hɑːbə]	die Einfahrt zum Hafen
for half an hour ['hɑːf ən 'aʊə]	seit einer halben Stunde
piano [pi'ænəʊ]	Klavier
living room ['lɪvɪŋ rʊm]	Wohnzimmer
an empty wine glass ['waɪn glɑːs]	ein leeres Weinglas
sign [saɪn]	Schild
vacancies ['veɪkənsiz]	Zimmer frei
score [skɔː]	(Spiel-)Stand
nil [nɪl]	(*Fußball:*) null
dress [dres]	Kleid
pay [peɪ]	Bezahlung
ask questions ['kwestʃənz]	Fragen stellen
alarm [ə'lɑːm] (clock)	Wecker

„Verbessern" und „verschlechtern": *Making it better or worse*

Wie so oft hat auch hier das Englische mehr Möglichkeiten der semantischen (= bedeutungsmäßigen) Differenzierung als das Deutsche.
Die Tabelle zeigt Ihnen die hauptsächlichen englischen Entsprechungen für „verbessern" und „verschlechtern" – mit ihren „Untertönen":

improve [ɪm'pru:v]	make (something) better	*verbessern*
improve	become better	*sich (ver)bessern*
worsen ['wɜ:sn]	make (something) worse	*verschlechtern*
worsen	become worse	*sich verschlechtern*
deteriorate [dɪ'tɪəriəreɪt]	become worse	*sich verschlechtern*
enhance [ɪn'hɑ:ns]	make (something good) better	*verbessern*
exacerbate [ɪg'zæsəbeɪt]	make (something bad) worse	*verschlimmern*
aggravate ['ægrəveɪt]	make (something bad) worse	*verschlimmern*
ameliorate [ə'mi:liəreɪt]	make something bad more tolerable	*(sich) verbessern*

Vervollständigen Sie die Sätze durch Verben aus der Tabelle.

7

a) The reforms __________ the situation slightly but did not resolve all the problems.
b) During the last few days the situation in the flooded areas has __________ dramatically and has now reached crisis proportions.
c) Entire chapters have been revised or replaced, and chapters that were well done before have been __________.
d) Ethnic tensions were __________ by the murder, and civil disturbances appeared imminent.
e) The humanitarian crisis has been __________ in recent years by harvest failures and annual flooding.

resolve [rɪ'zɒlv] all the problems	alle Probleme lösen
during the last few [fju:] days	in den letzten Tagen
flooded areas [flʌdɪd 'eəriəz]	überschwemmte Gebiete
entire chapters [ɪntaɪə 'tʃæptəz]	ganze Kapitel
revise or replace [rɪ'pleɪs]	überarbeiten oder ersetzen
ethnic tensions [eθnɪk 'tenʃnz]	ethnische Spannungen
civil disturbances [dɪ'stɜ:bənsɪz]	Unruhen (in der Bevölkerung)
appeared imminent ['ɪmɪnənt]	schienen unmittelbar bevorzustehen
harvest failure ['hɑ:vɪst feɪljə]	Missernte

Occupations Crossword

Setzen Sie die Berufsbezeichnungen in das *Crossword* ein.

ACROSS

1 a priest in the Church of England
7 someone who helps people learn
8 someone who serves customers in a shop
10 someone who is elected to serve as a member of parliament, of the government, etc.
14 a man who serves customers in a restaurant
15 someone who writes plays for the theatre
16 someone who operates on people
17 someone who serves in the army

DOWN

2 a woman who performs on the stage, in films, etc.
3 someone who repairs machines and cars
4 someone who treats people who are ill
5 someone who prepares and sells medicines
6 someone who makes women's clothes
9 someone who prepares food
11 someone who makes men's clothes
12 someone who receives and pays out money in a bank
13 someone who writes books

„Lassen" – *a pain in the translator's neck*

„Lassen" bereitet bei der Übertragung ins Englische außerordentliche Schwierigkeiten. Grob zu unterscheiden ist zwischen ***let*** (= „zulassen"), ***leave*** („in einem Zustand lassen"), ***have / get*** („eine Dienstleistung veranlassen") und ***make*** („durch Zwang veranlassen"). Darüber hinaus gibt es einige Sonderfälle wie ***keep someone waiting*** (= „jemand warten lassen"), ***send for someone*** (= „jemand kommen lassen") und ***divorce someone*** (= „sich von jemand scheiden lassen").

Übersetzen Sie.

a) Lass mich gehen!
b) Lass die Kinder ihren Spaß haben.
c) Lass uns ein Taxi nehmen, ja?
d) Du hättest ihn nicht ins Haus lassen dürfen.
e) Du hättest den Hund im Haus lassen sollen.
f) Du kannst alles so lassen, wie es ist.
g) Lass mich in Ruhe!
h) Sie wagte es nicht, das kranke Kind allein zu lassen.
i) Dummerweise hatte ich mein Handy zu Hause gelassen.
j) Ich lasse mir alle sechs Wochen die Haare schneiden.
k) Sie ließ das Buch in rotem Leder binden.
l) Ich habe drei Kopien machen lassen.
m) Man kann sein Auto waschen lassen, während man einkauft oder Mittag isst.
n) Kannst du es nicht reinigen lassen?
o) Man ließ mich über eine Stunde warten.
p) Die Wachen ließen die Gefangenen stundenlang in der sengenden Hitze marschieren.
q) Wir mussten den Arzt kommen lassen.
r) Er lässt sich von seiner Frau scheiden.

enjoy [ɪn'dʒɔɪ] oneself	seinen Spaß haben
a sick child [tʃaɪld]	ein krankes Kind
dare [deə] (to) do something	es wagen, etwas zu tun
unfortunately [ʌn'fɔːtʃənətli]	dummerweise
bind [aɪ] – bound [aʊ] – bound	binden – band – gebunden
red leather ['leðə]	rotes Leder
shop [ʃɒp]	einkaufen
have lunch [lʌntʃ]	(zu) Mittag essen
dry-clean [draɪ 'kliːn] something	etwas (chemisch) reinigen
guard [gɑːd]	Wache
scorching ['skɔːtʃɪŋ] / burning heat	sengende Hitze

8

„Platz": Häufig ist *place* fehl am Platz

Unterscheiden Sie beim Übersetzen vor allem zwischen *place, room / space, square* und *seat*. Darüber hinaus sind hier noch einige Sonderfälle berücksichtigt.

Übersetzen Sie.

a) Dies ist ein guter Platz zum Parken.
b) Jeder will einen Platz an der Sonne.
c) So eine Methode wäre hier fehl am Platz.
d) In diesem Fall ist eine Entschuldigung am Platze.
e) Unsere Mannschaft kam auf den dritten Platz.
f) Im Kleiderschrank ist viel Platz.
g) Es ist nicht genug Platz für Bücher.
h) Im Kofferraum ist kein Platz mehr.
i) Dies Zeug nimmt viel Platz weg.
j) Berlins Gendarmenmarkt ist einer der schönsten Plätze Deutschlands.
k) Die Place de la Concorde ist der größte Platz von Paris.
l) Er verbringt die meiste Zeit auf dem Tennisplatz.
m) Zwei Spieler wurden vom Platz gestellt.
n) Ein junger Mann bot mir seinen Platz an.
o) Ich habe zwei Plätze im Piccadilly Theatre reservieren lassen.
p) Ist dieser Platz noch frei?
q) Bitte nehmen Sie Platz.
r) Direkt neben dem Hotel ist ein großer Parkplatz.
s) Die natürliche Fortpflanzung macht langsam der künstlichen Fortpflanzung Platz.

method ['meθəd]	Methode
in this case [keɪs]	in diesem Fall
apology [ə'pɒlədʒi]	Entschuldigung
wardrobe ['wɔ:drəʊb]	Kleiderschrank
boot *BE* / *AE* trunk	Kofferraum (*im Auto*)
stuff [stʌf]	Zeug
spend – spent – spent	verbringen – verbrachte – verbracht
tennis court ['tenɪs kɔ:t]	Tennisplatz
send a player off	einen Spieler vom Platz stellen
offer somebody something	jemand etwas anbieten
book / reserve [rɪ'zɜ:v] seats	Plätze reservieren (lassen)
car park *BE* / *AE* parking lot	Parkplatz
reproduction [ri:prə'dʌkʃn]	Fortpflanzung
artificial [ɑ:tɪ'fɪʃl]	künstlich

„Preis", „Gebühr", „Kosten" etc. – *Everything has its price*

Setzen Sie jeweils eines der folgenden Wörter ein.

amount, charge(s), cost(s), expense(s), fare(s), fee(s), price(s), prize(s), sum

a) There's a special offer available: four nights for the __________ of three.
b) She won first __________ in a children's piano competition.
c) I wouldn't do that at any __________.
d) Sheets and pillows are provided free of __________, woollen blankets and blanket covers can be borrowed for a small __________.
e) Hospital and doctors' __________ are high in Finland.
f) Irish bank __________ are among the highest in Europe.
g) The __________ of living has risen dramatically over the last 25 years.
h) The rise in imports, coupled with mounting labour __________, crippled the US steel industry.
i) We must do all we can to lower the __________ of health care.
j) He lives at other people's __________.
k) The first prize was a trip to New York, all __________ paid.
l) On average, train __________ have risen by 4.3 per cent.
m) The painting fetched the enormous __________ of £1.5 million.
n) What happens if I cannot pay the full __________ of the Penalty Fare on the spot?

special offer [speʃl 'ɒfə]	Sonderangebot
be available [ə'veɪləbl]	vorhanden sein
win – won [ʌ] – won	gewinnen – gewann – gewonnen
piano competition [kɒmpə'tɪʃn]	Klavierwettbewerb
sheets and pillows ['pɪləʊz]	Betttücher und Kopfkissen
provide [prə'vaɪd]	(zur Verfügung) stellen
blanket cover ['blæŋkɪt kʌvə]	Bezug (für die Bettdecke)
borrow ['bɒrəʊ]	ausleihen
rise [aɪ] – rose – risen ['rɪzn]	steigen – stieg – gestiegen
coupled ['kʌpld] with	verbunden mit
mounting ['maʊntɪŋ]	steigend
health care ['helθ keə]	Gesundheitswesen, -fürsorge
all expenses [ɪk'spensɪz] paid	alle Unkosten bezahlt; ohne Unkosten
on average ['ævərɪdʒ]	im Durchschnitt; durchschnittlich
painting ['peɪntɪŋ]	Gemälde; Bild
fetch an enormous [ɪ'nɔ:məs] price	einen enormen Preis erzielen
penalty fare ['penəlti feə]	erhöhtes Beförderungsentgelt
on the spot [spɒt]	an Ort und Stelle

Präpositionen: *best boxer in the world – champion of the world*

Der Unterschied zwischen *in the world* und *of the world* wäre allein eine Übung wert; in den folgenden Sätzen kommt er nur beiläufig vor. Also: *in the world* bezieht sich auf die Welt als „geographisches Gebilde", als „Ort"; *of the world* meint „von allen auf der Welt", also nicht „Ort", sondern „Zugehörigkeit":

There are 20 million bloggers **in the world**.
Bloggers **of the world**, unite!
Sweden is one of the richest countries **in the world**.
Las Vegas is the gambling capital **of the world**.

Setzen Sie – wo nötig – passende Präpositionen ein.

a) He buys houses, renovates them and sells them __________ a profit.
b) The car was going __________ a speed of about 30 miles an hour when it crashed into the bus.
c) Two men were detained __________ suspicion of aiding terrorists.
d) If the train arrives __________ time, we'll be __________ time for dinner.
e) The package includes a tour __________ Bollywood where you might just catch a glimpse __________ your favourite stars.
f) Our room has a wonderful view __________ the mountains and the ocean.
g) A visit __________ Hatfield House is always worthwhile.
h) There were some family photos __________ the wall, but I didn't recognize anyone __________ them.
i) __________ over 40 years, the Empire State Building was the tallest building __________ the world.
j) Joe Louis was heavyweight champion __________ the world __________ 11 years.
k) Orders __________ goods __________ stock are shipped the same day the order is received.
l) There's an old joke about an actor overly fond __________ talking about himself who ends one monologue __________ saying: "But enough __________ me; what do you think __________ my new play?"

detain [dɪ'teɪn] someone	jemand verhaften
suspicion [sə'spɪʃn]	Verdacht
Bollywood ['bɒliwʊd]	(*die indische Filmindustrie in Bombay*)
catch a glimpse [glɪmps] of someone	jemand kurz zu Gesicht bekommen
recognize ['rekəgnaɪz] someone	jemand erkennen
ship orders ['ɔːdəz]	Aufträge ausliefern
stock [stɒk]	Vorrat; Lager
the day the order is received [rɪ'siːvd]	am Tag des Auftragseingangs

„Schlecht", „schlimm": manchmal schlecht auszudrücken

Bad(ly) ist hier das Allerweltswort, *poor(ly)* eine mildere Alternative, mit der *less than adequate* bzw. *inferior* ausgedrückt wird. *Evil* ist „böse" im ethischen bzw. religiösen Sinn. „Schlechtes" erfordert im Englischen oft ein Stützwort, also *bad* ***things***, *evil* ***things***.

Übersetzen Sie.

a) Der Film bekam viele schlechte Kritiken.
b) Das ist eine schlimme Nachricht.
c) Die Angst vor Schmerzen ist schlimmer als die Schmerzen selbst.
d) Ich habe nichts als Schlechtes über ihn gehört.
e) Viele erfolgreiche Menschen hatten in der Schule schlechte Noten.
f) Ich bin schlecht in Mathe(matik).
g) Er soll bei schlechter Gesundheit sein.
h) Vielleicht habe ich ein schlechtes Beispiel gewählt.
i) Die Bedienung war ziemlich schlecht.
j) Diese Steine sind von schlechterer Qualität.
k) Die Milch ist wieder schlecht geworden.
l) Mein Spanisch ist gut, aber mein Französisch ist ziemlich schlecht.
m) Es wird täglich schlimmer.
n) Danach war mir schlecht.
o) Sie war offensichtlich in schlechter Verfassung.
p) Auch ein schlechter Mensch tut nicht immer Böses.
q) Sie hat sich dir gegenüber schlecht benommen.
r) Die Nachmittagsvorstellung war schlecht besucht.
s) Das wird sich schlecht machen lassen.
t) Er kann seine Gefühle schlecht ausdrücken.

review [rɪ'vju:]	(Film-, Theater-)Kritik
that's good news [nju:z]	das ist eine gute Nachricht
the fear of pain ['fɪər əv peɪn]	die Angst vor Schmerzen
bad / poor marks / grades	schlechte Noten
maths *BE* / *AE* math	Mathe(matik)
obvious(ly) ['ɒbviəs(li)]	offensichtlich
in good / bad shape [ʃeɪp]	in guter / schlechter Verfassung
afternoon performance / matinee ['mætɪneɪ]	Nachmittagsvorstellung
attend a performance [pə'fɔ:məns]	eine Vorstellung besuchen
that can be arranged [ə'reɪndʒd]	das lässt sich machen
express [ɪk'spres] one's feelings	seine Gefühle ausdrücken

8

Don't lose the loose dress you're carrying in your bag

Hier geht es um die verschiedenen Entsprechungen für „tragen“:
bear – bore – borne (Verantwortung, Kosten, Schuld, ein Gewicht tragen)
carry – carried – carried (mit sich führen, bei sich haben, transportieren)
wear – wore – worn (am Körper tragen)

Welches Wort passt?

a) I always __________ a loose dress when I travel.
bear · carry · wear
b) I always __________ make-up when I go out.
bear · carry · wear
c) He always __________ a loaded gun.
bears · carries · wears
d) He always __________ a Rolex watch.
bears · carries · wears
e) She always __________ glasses because she's short-sighted.
bears · carries · wears
f) He __________ a cell phone twenty-four hours daily and was always on call.
bore · carried · wore
g) Each truck __________ up to 9 cubic yards of concrete.
bore · carried · wore
h) Who will __________ the cost?
bear · carry · wear

8

i) We shared the risks and we __________ the responsibility together.
bore · carried · wore
j) The ice was too thin to __________ his weight.
bear · carry · wear
k) I never __________ much money on me.
bear · carry · wear
l) She alone __________ the blame for the accident.
bears · carries · wears

lose [lu:z] – lost – lost	verlieren – verlor – verloren
a loose [lu:s] dress ⚠	ein loses / locker sitzendes Kleid
a loaded gun ['ləʊdɪd 'gʌn]	eine geladene Pistole
wear glasses [weə 'glɑ:sɪz]	eine Brille tragen
be on call [kɔ:l]	telefonisch erreichbar sein
concrete ['kɒŋkri:t]	Beton
share [ʃeə] the risks	die Risiken teilen / gemeinsam tragen
responsibility [rɪspɒnsə'bɪləti]	Verantwortung
bear the blame for something	(die) Schuld an / für etwas tragen

Von den Knien der Bienen: wieder ein paar *idioms*

Ordnen Sie die Umschreibungen den unterstrichenen *idioms* zu.

annoys me · avoid being punished · be too hasty · became suspicious · do what was expected of her · do you think of · doesn't impress · don't like · enjoy each other's company · exactly what I need · I don't believe you · I'm sure it won't happen · in short supply · is to blame · the greatest · very close · very easy · very suitable for me

a) Fat chance of that happening any time soon.
b) Good schools are thin on the ground.
c) His clever talk cuts no ice with me.
d) His whining gets on my wick.
e) I have no time for people like him.
f) It's just what the doctor ordered.
g) It's very important not to jump the gun.
h) She smelled a rat.
i) She thinks she's the bee's knees.
j) She was sacked because she refused to toe the line.
k) Tell that to the marines.
l) The exam was a piece of cake.
m) They get on like a house on fire.
n) They're thick as thieves.
o) This job is right up my street.
p) What's your take on the new evidence?
q) Who carries the can for the fiasco?
r) You can always beat the rap with a good lawyer.

it won't happen any time soon	das wird nicht so bald passieren
avoid [ə'vɔɪd] doing something	es vermeiden, etwas zu tun
become suspicious [sə'spɪʃəs]	misstrauisch werden
whine [waɪn]	jammern
wick [wɪk]	Docht
impress [ɪm'pres]	beeindrucken
sack [sæk] someone	jemand rausschmeißen
refuse [rɪ'fju:z] to do something	sich weigern, etwas zu tun
marines [mə'ri:nz]	Marineinfanteristen
be in short supply [sə'plaɪ]	Mangelware sein
blame [bleɪm] someone	jemand die Schuld geben
evidence ['evɪdəns]	Beweismaterial

8

Jump: Getting jumpy when jumping the queue or a red light

Jump heißt in der Grundbedeutung „springen" oder „Sprung". Bei der Übersetzung der folgenden Sätze helfen Ihnen noch die folgenden Ausdrücke:

be one jump ahead
take a jump
jump a red light
jump down someone's throat
jump the gun
jump the queue
jump to conclusions
jumpy = nervous / anxious / uneasy / worried

a) Er sprang auf und rannte weg.
b) Sie retteten sich, indem sie aus dem Fenster sprangen.
c) Die Leute haben es nicht gern, wenn man sich vordrängelt.
d) Du solltest keine vorschnellen Schlüsse ziehen.
e) Wir haben da wohl ein bisschen voreilig gehandelt.
f) Die Preise für Benzin und Heizöl sind sprunghaft angestiegen.
g) Wir sind der Konkurrenz immer um einen Schritt voraus.
h) Er wurde angehalten, weil er eine rote Ampel überfahren hatte.
i) Ich bin ein bisschen nervös, weil ich morgen eine Operation habe.
j) Als ich sie bat, ihre Entscheidung zu begründen, wurde sie ausfallend.

8

run away (– ran – run) [rʌn ə'weɪ]	wegrennen; weglaufen
save [seɪv]	retten
queue [kju:]	(Menschen-)Schlange
conclusions [kən'klu:ʒnz]	Schlussfolgerungen; Schlüsse
jump the gun [gʌn]	(*eigentlich: „loslaufen, bevor der Startschuss ertönt"*) voreilig / vorschnell handeln
petrol ['petrəl] *BE / AE* gas(oline) [gæs / 'gæsəli:n]	Benzin
heating oil ['hi:tɪŋ ɔɪl] / fuel oil ['fju:əl ɔɪl]	Heizöl
our competitors [kəm'petɪtəz]	unsere Konkurrenten / Konkurrenz
stop someone	jemand anhalten
have surgery ['sɜ:dʒəri] / an operation	eine Operation haben; operiert werden
give reasons for a decision [dɪ'sɪʒn]	eine Entscheidung begründen

Good advice:
Don't jump from the frying pan into the fire.
Don't jump into unfamiliar waters.
Better wait and see which way the cat jumps.

You can lose your head only if it's already loose

Zwei Wörter, die ständig verwechselt werden, sind *lose* [lu:z] und *loose* [lu:s]. *Lose* wird mit einem „summenden" (= stimmhaften) *s* gesprochen und ist ein unregelmäßiges Verb:
lose – lost – lost (= verlieren – verlor – verloren)
Loose hingegen wird mit einem „zischenden" (= stimmlosen) *s* gesprochen und ist ein Adjektiv mit der Bedeutung „lose, locker". Von *loose* wird das Adverb *loosely* abgeleitet. Außerdem gibt es das Verb *loosen* ['lu:sn] (= lockern).

Setzen Sie jeweils eines der folgenden Wörter ein.

lose, loses, lost, losing; loose, loosely, loosen, loosened

a) If she __________ her job, she'll have great difficulty finding a new one.
b) I've __________ my mobile phone, probably left it in the cab.
c) Here's the ticket. Make sure you don't __________ it.
d) He spent three days in Las Vegas and __________ all his money.
e) What I hate even more than __________ is playing poorly.
f) I'm trying to teach my dog how to walk on a __________ leash.
g) The stories are __________ connected, but each story could be read independently.
h) The room was stifling hot, and he __________ his collar.
i) The belt is too tight, why don't you __________ it a bit?
j) A man who has been linked to 20 bank robberies is still on the __________.
k) He was saying such crazy things that I asked myself, "Has he __________ his mind, does he have a screw __________?"

8

have difficulty doing something	Schwierigkeiten haben, etwas zu tun
probably ['prɒbəbli]	wahrscheinlich
cab [kæb]	Taxi
make sure [ʃʊə] you ...	pass auf, dass du ...
what I hate even ['i:vn] more	was ich noch mehr hasse
play poorly ['pɔ:li]	schlecht spielen
on the leash [li:ʃ]	an der Leine
connected [kə'nektɪd]	verbunden
independent(ly) [ɪndɪ'pendənt(li)]	unabhängig
stifling hot [staɪflɪŋ 'hɒt]	stickend heiß
the belt is too tight [taɪt]	der Gürtel ist zu eng
link to a bank robbery ['rɒbəri]	mit einem Bankraub in Verbindung bringen
be on the loose [lu:s]	auf freiem Fuß sein
lose one's mind [maɪnd]	den Verstand verlieren

Another Antonym Crossword

Tragen Sie das Antonym (Gegensatzwort) des unterstrichenen Adjektivs in das *Crossword* ein.

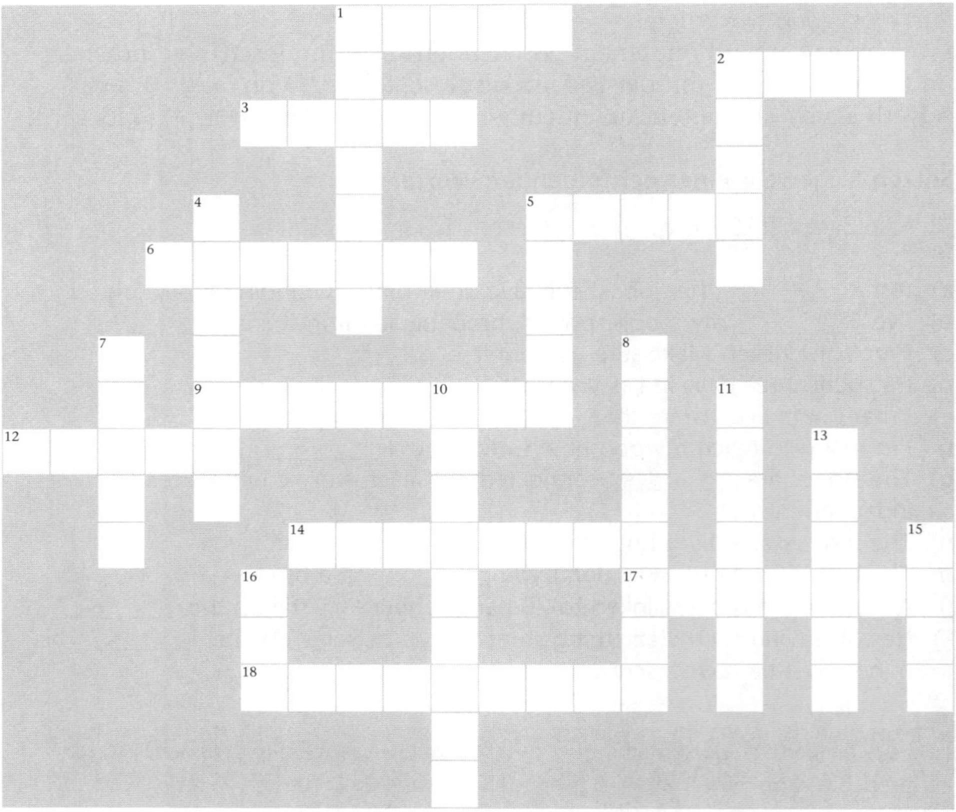

ACROSS

1 a tall woman
2 a plump girl
3 a cowardly act
5 a tight dress
6 a minor accident
9 a guilty man
12 a pretty face
14 a stingy person
17 a sad story
18 an easy task

DOWN

1 a deep lake
2 a bitter taste
4 a bogus passport
5 a heavy burden
7 a big car
8 a horrible man
10 a cheap hotel
11 an honest official
13 a stationary vehicle
15 a beautiful house
16 a slight cold

Präpositionen: *Some more hard nuts to crack*

Setzen Sie passende Präpositionen ein.

a) She died __________ a car accident.
b) Can't we talk about something else __________ a change?
c) He sleeps __________ day and works __________ night.
d) Most of the work is done __________ hand.
e) Today, playing __________ memory is one of the abilities a professional pianist is expected to have.
f) We're a bit short __________ cash __________ the moment.
g) We couldn't sleep __________ the noise.
h) Lewis won the fight __________ points.
i) She heard the concert __________ the radio.
j) "I love you," she said __________ a low voice.
k) Let's go __________ a walk in the park.

In den folgenden Sätzen geht es um die englischen Entsprechungen für „bis":

l) The conference will last __________ 4pm.
m) The conference will last from 8am __________ 4pm.
n) What have you been doing __________ now?
o) We'll have to be there __________ 8 o'clock at the latest.
p) She stayed with him __________ the bitter end.
q) The book will be finished __________ the end of this year.
r) The train went only __________ Dartford.

car accident ['kɑːr æksɪdənt]	Autounfall
talk [tɔːk] about something	von / über etwas reden / sprechen
for a change [fər ə 'tʃeɪndʒ]	zur Abwechslung
memory ['meməri]	Gedächtnis
ability [ə'bɪləti]	Fähigkeit
professional pianist ['piːənɪst]	Berufspianist(in)
he's expected [ɪk'spektɪd] to have it	es wird von ihm erwartet, dass er sie hat
be short of cash [kæʃ]	knapp bei Kasse sein
noise [nɔɪz]	Lärm
win – won [wʌn] – won	gewinnen – gewann – gewonnen
hear [ɪə] – heard [ɜː] – heard	hören – hörte – gehört
a walk [wɔːk] in the park	ein Spaziergang im Park
conference ['kɒnfərəns]	Konferenz; Tagung
last [lɑːst]	dauern
at the latest [ət ðə 'leɪtɪst]	spätestens
she stayed [steɪd] with him	sie blieb bei ihm

„Wie“: *Is as strong as an ox, looks like an ox, but isn't an ox*

Entsprechungen für „wie“ sind vor allem ***like***, ***as*** und ***how***; wichtig ist aber auch ***what … like?***

Übersetzen Sie.

a) Er sieht aus wie ein Ochse.
b) Er isst wie ein Elefant.
c) Sie hat blaue Augen wie ihr Vater.
d) Er ist so stark wie ein Ochse.
e) Sie ist so alt wie ich.
f) Komm so schnell(, wie) du kannst.
g) Wie groß ist sie?
h) Wie stark er (doch) ist!
i) Wie geht es ihr?
j) Wie war sie angezogen?
k) Wie kommt es, dass ich nicht richtig hören kann, wenn ich eine Sonnenbrille trage?
l) Wie ist der neue Lehrer?
m) Wie sind die neuen Schuhe?
n) Wie ist das Wetter?
o) Wie wäre es mit einem Kaffee?
p) Wie heißt du?
q) Wie nennt man diese roten Früchte?
r) Wie spät ist es?
s) Mir gefällt / Ich mag die Art, wie sie lächelt.
t) Die Krankheit findet sich oft bei Wildtieren wie Füchsen und Fledermäusen.

look [lʊk]	aussehen
ox [ɒks]	Ochse
elephant ['elɪfənt]	Elefant
strong [strɒŋ]	stark
he was dressed [drest] in white	er war weiß gekleidet
I cannot hear properly ['prɒpəli]	ich kann nicht richtig hören
wear [weə] sunglasses	eine Sonnenbrille tragen
these red fruits [fru:ts]	diese roten Früchte
the disease is often found in wild animals	die Krankheit findet sich oft in Wildtieren
bat [bæt]	Fledermaus

„Während“: *while* oder *during*?

Das deutsche „während“ kann Präposition sein und bezieht sich dann auf ein Nomen. Die englische Entsprechung ist dann ***during***:
während der Nacht = ***during*** *the night*
während des Fluges = ***during*** *the flight*
während des ganzen Fluges = ***during*** *the entire flight*
„Während“ kann aber auch Konjunktion sein und leitet dann einen Nebensatz oder eine diesen verkürzende Konstruktion ein. Die englische Entsprechung ist dann ***while***:
während sie im Bett las = ***while*** *(she was) reading in bed*
Auf diesen Unterschied im Gebrauch von *during* und *while* gilt es in den folgenden Sätzen zu achten.

Setzen Sie *during* oder *while* ein.

a) These messages came in __________ you were absent.
b) These messages came in __________ your absence.
c) She lost a lot of weight __________ her illness.
d) She lost a lot of weight __________ she was ill.
e) You should turn off the TV __________ meals.
f) Don't allow your child to watch TV __________ doing homework.
g) It's best to leave the television off __________ homework time.
h) __________ I'm away I'll write home every day.
i) He died from a heart attack __________ on holiday in Peru.
j) __________ the war the Queen refused to evacuate to Canada and even learned to use a revolver.
k) One British soldier was slightly wounded __________ the fighting.
l) He was seriously wounded __________ fighting in France.
m) A man robbed a bank __________ he was talking on his cell phone.
n) A man robbed a bank __________ talking on his cell phone.
o) One should not rob a bank __________ a cell-phone conversation.
p) One should not rob a bank __________ carrying on a cell-phone conversation.
q) Smith committed a robbery __________ (he was) out of prison.
r) Smith committed a robbery __________ which he seriously injured a security guard.

absent ['æbsənt] – absence	abwesend – Abwesenheit
die from a heart attack ['hɑ:t ətæk]	an einem Herzanfall / Herzinfarkt sterben
refused [rɪ'fju:zd] to evacuate [ɪ'vækjueɪt]	lehnte es ab, sich evakuieren zu lassen
carry on a conversation [kɒnvə'seɪʃn]	eine Unterhaltung führen
commit [kə'mɪt] a robbery	einen Raubüberfall begehen

9

„Schnell": *He quickly got a fast car and drove too fast*

Die Unterscheidung zwischen *fast* und *quick* bereitet oft Schwierigkeiten.

Fast betont Geschwindigkeit einer Sache oder einer Person:
Adjektiv: *a **fast** car / train / horse / driver / runner / worker / learner / eater / thinker*
Adverb: *he drives / runs / works / learns / thinks **fast***

Quick betont, dass etwas unverzüglich erfolgt und wenig Zeit erfordert:
Adjektiv: *gave her a **quick** look, walked with **quick** steps, has a **quick** mind, it's **quicker** by train, I had a **quick** shower, we had a **quick** bite to eat*
Adverb: *we got there **quick(ly)**, you get there **quicker / more quickly** by boat, she **quickly** got a job*

Mitunter ist das eine oder das andere möglich:
*the **quickest** way to the airport* (nimmt die wenigste Zeit in Anspruch)
*the **fastest** way to the airport* (das am schnellsten fahrende Transportmittel)

Benutzen Sie bei der Übersetzung das wahrscheinlichere Wort für „schnell".

a) Dein Rechner ist sehr schnell.
b) Sie kann schneller als ich schwimmen.
c) Ich benötige eine schnelle Antwort.
d) Meine Fragen wurden sehr schnell beantwortet.
e) Sie lernte schnell, wie man mit Männern umgeht.
f) Komm schnell!
g) Die Kinder sind so schnell groß geworden.
h) Er wurde schnell gefasst.
i) Schlechte Nachrichten verbreiten sich schnell.

need [ni:d]	benötigen
swim – swam – swum	schwimmen – schwamm – geschwommen
answer ['ɑ:nsə] a question	eine Frage beantworten
how to handle ['hændl] men	wie man mit Männern umgeht
children grow up (– grew – grown)	Kinder werden groß
catch a criminal (– caught – caught)	einen Verbrecher fassen
bad news [nju:z]	schlechte Nachrichten
travel ['trævl]	reisen; (*Nachrichten, hier:*) sich verbreiten

What a worm does in a storm – and other pronunciation problems

Sie haben es ja bereits leidvoll erfahren: *English is a devil of a language* – nicht zuletzt, was die Aussprache angeht.
Die folgenden Sätze haben es aussprachemäßig in sich.

Sprechen Sie sie laut und: ***Enjoy! Have fun!***

a) I must **polish** up my **Polish**.
b) There's a **hovercraft** in the **canal**.
c) The **singer** had his **finger** in the **ginger**.
d) He **lives** his **life** as if it were a **live** show.
e) You **mustn't tear** the **fine linen** to pieces.
f) The **massive bass** singer caught a **bass**.
g) My **boss grossly** underestimated the **wound**.
h) I **admire** what is **admirable** about this **scheme**.
i) The **iron industry** generates a lot of **industrial** waste.
j) Do all **Arabs** speak **Arabic** and read the **Arabian** Nights?

worm [wɜːm] – storm [stɔːm]	Wurm – Sturm
polish ['pɒlɪʃ] up	(*Sprachkenntnisse:*) aufpolieren
Polish ['pəʊlɪʃ]	Polnisch
hovercraft ['hɒvəkrɑːft]	Luftkissenfahrzeug
canal [kə'næl]	Kanal (= *Schifffahrtsweg*)
singer ['sɪŋə] – finger ['fɪŋgə]	Sänger – Finger
ginger ['dʒɪndʒə]	Ingwer
live [lɪv] – live [laɪv]	leben – direkt übertragen
mustn't ['mʌsnt]	darfst / musst / sollst nicht
tear [teə] the linen ['lɪnɪn] to pieces	das Leinen in Stücke reißen
the massive [æ] bass [beɪs] singer	der wuchtige Basssänger
bass [bæs]	Barsch
underestimate grossly ['grəʊsli]	grob unterschätzen
wound [wuːnd]	Wunde
admire [əd'maɪə] – admirable ['ædmərəbl]	bewundern – bewundernswert
scheme [skiːm]	Plan; Projekt
iron ['aɪən]	Eisen
industry ['ɪndəstri] – industrial [ɪn'dʌstriəl]	Industrie – industriell
generate ['dʒenəreɪt] a lot of waste	viel Abfall erzeugen
Arab ['ærəb] – Arabic ['ærəbɪk]	Araber(in) – Arabisch
the Arabian [ə'reɪbiən] Nights	Tausendundeine Nacht

„Auch": *There's more to it than "too" and "also"*

Für „auch" hat das Englische eine Vielzahl von – zum Teil mit grammatischen Mitteln ausgedrückten – Entsprechungen.

Übersetzen Sie – und staunen Sie!

a) „Ich liebe dich." – „Ich dich auch."
b) „Ich bin sehr überrascht." – „Ich auch."
c) „Ich bin nicht überrascht." – „Ich auch nicht."
d) „Ich bin überrascht." – „Ich bin auch überrascht."
e) „Ich bin nicht überrascht." – „Ich bin auch nicht überrascht."
f) „Ich weiß es nicht." – „Ich auch nicht."
g) Auch sie war überrascht.
h) Auch überrascht war sie.
i) Sie war überrascht, und ich war es auch.
j) Sie war überhaupt nicht überrascht, und ich war es auch nicht.
k) Wir waren recht überrascht und auch schockiert.
l) Ich war nicht nur überrascht, sondern auch schockiert.
m) Sie ist sehr hübsch. Sie ist auch sehr intelligent.
n) Sie überraschte alle, auch mich.
o) Ich war schockiert, auch wenn ich nicht überrascht war.
p) Mir gefällt der Klang des Wortes, auch wenn ich nicht weiß, was es bedeutet.
q) Sie gab mir das Geld, ohne auch nur eine Sekunde zu zögern.

surprised [sə'praɪzd]	überrascht
I don't know [nəʊ]	ich weiß es nicht
she wasn't surprised at all	sie war überhaupt nicht überrascht
quite [kwaɪt] surprised	recht überrascht
shocked [ʃɒkt]	schockiert
a pretty ['prɪti] girl	ein hübsches Mädchen
intelligent [ɪn'telɪdʒənt]	intelligent
surprise [sə'praɪz] someone	jemand überraschen
I like [laɪk] it	es / er / sie gefällt mir
the sound of the word [wɜːd]	der Klang des Wortes
I don't know [nəʊ] what it means	ich weiß nicht, was es bedeutet
give [ɪ] – gave [eɪ] – given [ɪ]	geben – gab – gegeben
second ['sekənd]	Sekunde
hesitate ['hezɪteɪt]	zögern
without hesitating ['hezɪteɪtɪŋ]	ohne zu zögern

Dual choice: Be sensitive and make a sensible choice

Welches Wort passt?

a) It would be __________ to install a smoke detector.
sensible · sensitive
b) Smoke detectors should not be so __________ that they cause false alarms.
sensible · sensitive
c) An elephant's skin is so __________ that it can feel a fly landing on it.
sensible · sensitive
d) The river forms a natural __________ between Devon and Cornwall.
boundary · limit
e) Where is the __________ between Asia and Europe?
boundary · limit
f) It's very important for parents to set __________ for their children.
borders · limits
g) Millions of immigrants have crossed America's __________ illegally.
borders · limits
h) I __________ him money and never got it back.
borrowed · lent
i) When you overdraw, you are __________ money from the bank.
borrowing · lending
j) When you put money into your bank account, you're __________ money to the bank.
borrowing · lending
k) Burt skilfully __________ us through the winding streets of the old town.
guided · led
l) Nelson Mandela __________ his nation to freedom.
guided · led

9

sensible ['sensəbl]	vernünftig
sensitive ['sensətɪv]	sensibel; empfindlich
install [ɪn'stɔ:l] a smoke detector	einen Rauchmelder installieren
cause a false alarm [fɔ:ls ə'lɑ:m]	einen Fehlalarm auslösen
boundary ['baʊndəri]	Grenze (*geogr., auch bei Grundstück*)
border ['bɔ:də]	(Landes-)Grenze
borrow money ['mʌni]	(sich) Geld leihen / borgen
lend (– lent – lent) someone money	jemand Geld leihen
overdraw [əʊvə'drɔ:]	(*Konto*) überziehen
bank account ['bæŋk əkaʊnt]	Bankkonto
skilful(ly) ['skɪlfəl(i)]	geschickt
guide [gaɪd]	führen (*als [Stadt- etc.]Führer*)
lead [i:] – led [e] – led	(an)führen – (an)führte – (an)geführt

„Müssen": Kein Mensch muss müssen

There's no such thing as must: So idiomatisch wollen wir es hier nicht machen, sondern einfach ein paar Grundregeln festhalten:

1. In der Gegenwart nimmt man für „subjektiv empfundenes Müssen" *must*, for „objektiv gegebenes Müssen" *have to.*
2. *Must not / mustn't* ['mʌsnt] drückt eine starke negative Empfehlung aus: *you mustn't show weakness* = du darfst keine Schwäche zeigen, *you mustn't talk such rot* = du musst nicht so einen Quatsch reden.
3. In allen anderen Zeiten als der Gegenwart fahren Sie mit *have to* am besten.

Übersetzen Sie.

a) Wir müssen gegen 10 Uhr am Flughafen sein.
b) Wir müssen nicht alle Antworten wissen.
c) Muss ich an der Versammlung teilnehmen?
d) Du musst nicht unbedingt an der Versammlung teilnehmen.
e) Du musst nicht alles glauben, was sie sagt.
f) Was muss man tun, um Energie zu sparen?
g) Muss das jetzt sein?
h) Sie muss hier gewesen sein.
i) Ich musste fünfmal meinen Pass zeigen.
j) Du hättest das nicht tun müssen, aber ich bin so froh, dass du es getan hast.
k) Du wirst wahrscheinlich lange warten müssen.
l) Wir hätten wahrscheinlich etwa 500 Euro ausgeben müssen.
m) Das hätt' ich früher wissen müssen!
n) Wir hätten uns kein Geld leihen müssen.
o) Ich muss mal.

around ten o'clock [ə'klɒk]	gegen zehn Uhr
at the airport ['eəpɔ:t]	am Flughafen
attend [ə'tend] a meeting	an einer Versammlung teilnehmen
believe [bɪ'li:v] everything	alles glauben
save energy ['enədʒi]	Energie sparen
show one's passport ['pɑ:spɔ:t]	seinen Pass zeigen
five times [faɪv 'taɪmz]	fünfmal
I'm glad that ...	ich bin froh, dass ...
probably ['prɒbəbli]	wahrscheinlich
spend – spent – spent	(*Geld:*) ausgeben – ausgab – ausgegeben
borrow money ['mʌni]	sich Geld leihen

„Machen": *make, do, take (or drive)?*

Hauptentsprechungen für „machen" sind *make* und *do* (→ S. 110):
Make betont das „Herstellen, Erzeugen eines Produkts".
Do betont das „Durchführen einer Tätigkeit oder Arbeit".
In manchen Fällen greift diese Regel nicht. Außerdem werden noch andere Verben verwendet, zum Beispiel ***take** an exam*, ***pay** a visit*, ***drive** someone crazy/mad/bonkers*. Solche Kollokationen lernt man am besten als Ganzes. Überhaupt ist es gut, wenn man möglichst zusammengehörige Ausdrücke lernt, nicht einzelne Wörter.

Setzen Sie eine Entsprechung für „machen" in der passenden Form ein.

a) We were all cold and wet, so we __________ a fire to warm ourselves and dry our clothes.
b) Cornflakes are __________ from corn, which the British call maize.
c) We shouldn't __________ the mistake of underestimating him.
d) This film has __________ her a star.
e) He's often absent from school and never __________ his homework.
f) What are you __________ for dinner tonight? One of your delicious pies?
g) I __________ the beds and tidied up, __________ the tea for grandma and myself, then __________ the dishes and left for work.
h) What are you __________ this weekend?
i) Our dog usually __________ his business in the garden.
j) Henry Ford __________ a fortune by producing cars cheaply enough to __________ them attractive to everyone.
k) When are you __________ your A levels?
l) He's __________ his exams in June.
m) I __________ a photo of her standing next to the president.
n) After supper we __________ a walk in the moonlight – that was really great.
o) Let's __________ a break.
p) English __________ fun.
q) You're __________ me nervous.
r) You're __________ me crazy.

maize [meɪz] *BE / AE* corn [kɔːn]	Mais
underestimate [ʌndər'estɪmeɪt]	unterschätzen
tidy up [taɪdi 'ʌp]	aufräumen
do the dishes ['dɪʃɪz]	das Geschirr machen
business ['bɪznəs]	Geschäft (*auch = „Notdurft"*)
fortune ['fɔːtʃən]	Vermögen
A levels ['eɪ levlz]	*BE* ≈ (das) Abitur
break [breɪk]	Pause

False Friend Crossword

Mit *false friends* beschäftigen wir uns auch anderswo (→ S. 56, 69, 136). Hier nun sollen Sie eine gar nicht so einfache Aufgabe lösen: die englischen Wörter finden (und in das *Crossword* eintragen), die durch die Definitionen beschrieben sind. Alle zu findenden Wörter sehen aus wie direkte Übersetzungen deutscher Wörter, haben aber eine ganz andere Bedeutung, sind eben „falsche Freunde".

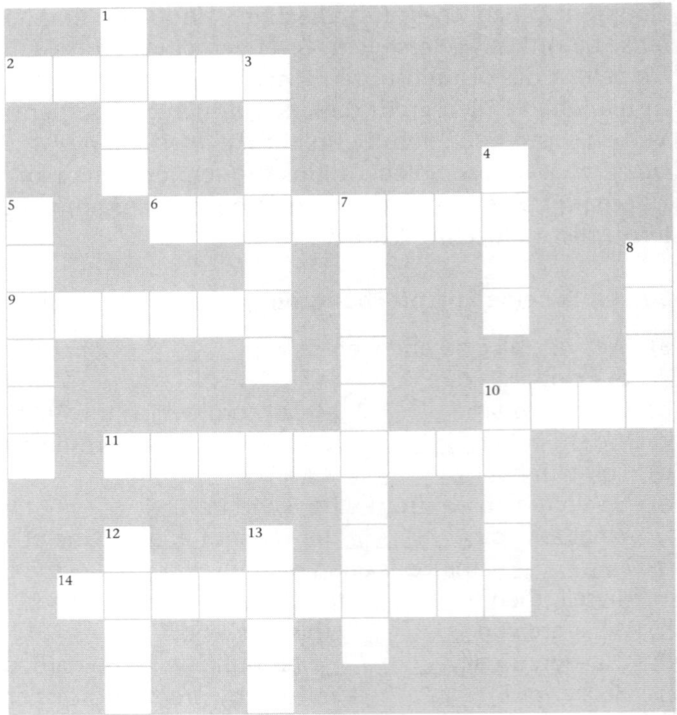

ACROSS

2 a person who writes reviews of books, films, etc.
6 the part of the body you sit on
9 the line that divides two countries
10 a company where you can invest or borrow money
11 a large building in which goods, raw materials, etc. are stored
14 a picture made by means of a camera

DOWN

1 something you give to someone, a present
3 a reason to worry, or something that causes worry
4 regular payment you make for the right to use a flat or house
5 material made of wool, cotton, silk, or synthetics
7 materials for writing, for example pens and paper
8 a large piece of stone
10 a long, wooden or plastic seat for several people to sit on
12 the most important cook in a restaurant
13 a rounded roof on a building

„Liegen" – „legen": Wie man sich bettet, so liegt man ...

... As you make your bed, so you must lie on it.

Den Unterschied zwischen *lie* (= *lie*-gen) und *lay* (= *lay*-gen) kann man sich leicht merken. In den folgenden Sätzen kommen allerdings noch Alternativen vor: für „liegen" vor allem *be* und für „legen" vor allem *put*.

Übersetzen Sie.

a) Er lag auf seinem Bett und las ein Buch.
b) Sie liegt im Krankenhaus.
c) Draußen lag tiefer Schnee.
d) Die Betonung liegt auf der zweiten Silbe.
e) Das Wohnzimmer liegt nach Süden.
f) Die Entscheidung liegt beim Präsidenten.
g) Oxford liegt wie London an der Thames.
h) Aberdeen liegt an der Ostküste Schottlands.
i) Du solltest dich 'ne Weile hinlegen.
j) Er legte sich auf die Couch.
k) Er legte das Kind auf die Couch.
l) Er lehnte sich zurück und legte die Füße auf den Tisch.
m) Sie legte den Brief hin und ging aus dem Zimmer.
n) Ich konnte das Buch einfach nicht aus der Hand legen.
o) Sie legte die Steaks in die Pfanne.

in hospital *BE* / *AE* in the hospital	im Krankenhaus
outside [aʊt'saɪd]	draußen
deep snow [snəʊ]	tiefer Schnee
stress [stres]	Betonung
living room ['lɪvɪŋ rʊm]	Wohnzimmer
face south [feɪθ 'saʊθ]	nach Süden liegen
decision [dɪ'sɪʒn]	Entscheidung
the east coast of Scotland ['skɒtlənd]	die Ostküste Schottlands
lie down [laɪ 'daʊn]	sich hinlegen
lean back [liːn 'bæk]	sich zurücklegen
put (– put – put) one's feet on the table	die Füße auf den Tisch legen
put an object ['ɒbdʒekt] down	einen Gegenstand hinlegen
leave (– left – left) the room	aus dem Zimmer gehen
put a book down [pʊt 'daʊn]	ein Buch aus der Hand legen (= *aufhören zu lesen*)
pan [pæn]	Pfanne

Opportunity makes a thief – „Gelegenheit macht Diebe"

Hier ist eine Meldung aus einer britischen Lokalzeitung. Schreiben Sie sie ab, und setzen Sie dabei die folgenden Verben in der richtigen Form an passender Stelle ein. (Achten Sie auf die zwei unterschiedlichen Verwendungen von *property*.)

believe, contact, ensure, happen, include, keep, see, steal, watch

THIEVES entered a house in William Street, Upper Kingswood, and _____ an assortment of goods from the kitchen while the occupants _____ television in another room.

The incident _____ between 22.09hrs and 23.09hrs on Tuesday May 30.

Property stolen _____ a brown leather handbag and purse, wallets, keys and mobile phones.

It is _____ that the offenders entered the property from the back garden.

Anyone who _____ any suspicious activity in the vicinity is asked to _____ Upper Kingswood police station on 01726 815000.

Householders are reminded to _____ that all doors and windows are _____ securely locked when rooms are unoccupied. ■

thief [θi:f] – thieves [θi:vz]	Dieb – Diebe
steal [i:] – stole – stolen	stehlen – stahl – gestohlen
an assortment [ə'sɔ:tmənt] of goods	eine Reihe von Gegenständen; diverse Sachen
the occupants ['ɒkjʊpənts]	die Bewohner
television ['telɪvɪʒn]	Fernsehen
incident ['ɪnsɪdənt]	Vorfall
property ['prɒpəti]	Eigentum; Besitz; Grundstück; Haus
purse [pɜ:s]	Geldbörse
wallet ['wɒlɪt]	Brieftasche
key [ki:]	Schlüssel
offender [ə'fendə]	Täter(in)
any suspicious [sə'spɪʃəs] activity	etwas Verdächtiges
in the vicinity [və'sɪnəti]	in der Umgebung
is asked [ɑ:skt]	wird gebeten
contact ['kɒntækt] someone	sich mit jemand in Verbindung setzen
householder ['haʊshəʊldə]	Hausbesitzer
remind someone to do something	jemand daran erinnern, etwas zu tun
securely [sɪ'kjʊəli] locked [lɒkt]	sicher verschlossen
unoccupied [ʌn'ɒkjʊpaɪd] rooms	unbewohnte / unbenutzte Zimmer

„Sagen" – *There's a lot to be said for "tell"*

Allgemein ist „sagen" = *say*, aber in Verbindung mit einem Personenobjekt ist es *tell*:

*He **said** nothing about it.*	Er sagte nichts darüber.
*He **told** me nothing about it.*	Er sagte mir nichts darüber.

Was Sie also vermeiden müssen, ist:
He said ~~me~~ nothing about it.

Übersetzen Sie.

a) Er sagte, er würde kommen.
b) Er sagte mir, dass er kommen würde.
c) Hat sie das wirklich gesagt?
d) Hat sie dir das wirklich gesagt?
e) Können Sie mir sagen, wie man es installiert?
f) Ich sagte ihr, sie solle es nächstes Mal mitbringen.
g) „Ich kann es gar nicht erwarten, wieder auf Achse zu sein", sagte er.
h) Er sagte, er könne es gar nicht erwarten, wieder auf Achse zu sein.
i) Bitte sag nicht „Opa" zu mir.
j) Was sagst du zu meinem Angebot?
k) Wollen Sie damit sagen, dass ich lüge?
l) „Smith ist ein hoffnungsloser Fall." – „Das kannst du laut sagen."

install [ɪn'stɔːl]	installieren
next time [nekst 'taɪm]	nächstes Mal
I can't wait [weɪt] to ...	ich kann es gar nicht erwarten, zu ...
be on the road [rəʊd]	auf Achse sein
grandpa ['grænpa]	Opa
offer ['ɒfə]	Angebot
lie [laɪ] – lied [laɪd] – lying ['laɪɪŋ]	lügen – log – lügend
a hopeless case [keɪs]	ein hoffnungsloser Fall

10

Idioms mit *say*

Say cheese!	(*Fotogr.*) Bitte recht freundlich!
It goes without saying that ...	Es versteht sich von selbst, dass ...
There's a lot to be said for it.	Es spricht viel dafür.
to say nothing of the cost(s)	ganz zu schweigen von den Kosten
having said that	davon einmal abgesehen
when all is said and done	letzten Endes
You don't say!	Was du nicht sagst!

Euphemismen: *Excuse me, where's the euphemism, please?*

Euphemismen sind verhüllende, beschönigende Umschreibungen. Man gebraucht sie, um Gefühle nicht zu verletzen (*pass away* statt *die*), Peinliches nicht aussprechen zu müssen (*down below / down there* statt *my genitals*), Schlichtes aufzuwerten (*appointment* statt *job*), eine unangenehme Tatsache zu verbrämen (*downsize* statt *fire/dismiss employees*) oder moralisch Anstößiges zu neutralisieren (*pre-emptive strike* statt *unprovoked attack*). Im Gespräch sagt man vielleicht *I'll think about it*, wenn man *no* meint, und euphemistisch ist auch ein Satz wie *I hear what you say*, mit dem man zu verstehen gibt: *I don't agree and I'm not going to do what you suggest.*

Nachstehend finden Sie in der linken Spalte einige häufig gebrauchte *euphemisms*; die Wörter in der rechten Spalte *call a spade a spade.*

Ordnen Sie die Ausdrücke einander zu.

advocacy ['ædvəkəsi]	dead
asleep	die
bathroom	elderly person
collateral [kə'lætərəl] damage	genitals ['dʒenɪtlz]
condition	genocide ['dʒenəsaɪd]
conflict	illness
correctional facility	invade and occupy
enhanced interrogation	killing of innocent bystanders
ethnic cleansing ['klenzɪŋ]	lazy
freedom fighter	lobbying
industrial action	military attack
liberate	political lying
pass away	prison
pre-owned	propaganda
private parts	strike
promotion	tax increase
revenue ['revənju:] enhancement	terrorist
senior citizen [si:niə 'sɪtizn]	toilet
spin	torture ['tɔ:tʃə]
surgical ['sɜ:dʒɪkl] strike	used
unmotivated	war

10

euphemism ['ju:fəmɪzm]	Euphemismus
call a spade a spade [speɪd]	die Dinge beim Namen nennen
correctional facility [kə'rekʃnl fəsɪləti]	*AE* Justizvollzugsanstalt
enhanced [ɪn'hɑ:nst] interrogation	„verbessertes Verhör" (→ S. 77)

„Zu“: *Too good to be true?*

In der Bedeutung „zu etwas hin“ und beim Infinitiv wird „zu“ mit *to* übersetzt. Beachten Sie die Schreibung mit Doppel-o, wenn „zu“ ein Übermaß ausdrückt:
Most people use a hairdryer ***to*** *dry their hair.*
My hair is ***too*** *dry.*

Übersetzen Sie.

a) Warum gehst du nicht zum Arzt?
b) Ich ging zum Bahnhof, um die Fahrkarten zu kaufen.
c) Wollen wir zu mir gehen?
d) Bist du noch zu Hause?
e) Achte darauf, dass die Schuhe zum Kleid passen.
f) Kann man zu Fisch Rotwein trinken?
g) Ich verstehe Leute, die zu Weihnachten deprimiert sind.
h) Was hast du zu Weihnachten bekommen?
i) Wir kauften zwei Karten zu je 50 Dollar.
j) Patienten müssen bis zu sechs Monaten auf eine Operation warten.
k) Für so eine Stellung ist er zu jung.
l) Diese Übung ist zu schwer.
m) Die Fenster sind alle zu.
n) Die Flasche war noch zu.
o) Er ging auf die Soldaten zu.
p) Was beabsichtigst du zu tun?
q) Das war zu erwarten.

doctor ['dɒktə]	Arzt, Ärztin
buy [baɪ] the tickets	die Fahrkarten kaufen
achte(n Sie) darauf, dass ...	make sure ...
the shoes go with the dress	die Schuhe passen zum Kleid
Christmas ['krɪsməs]	Weihnachten
depressed [dɪ'prest]	deprimiert
patient ['peɪʃnt]	Patient(in)
wait for an operation [ɒpə'reɪʃn]	auf eine Operation warten
position [pə'zɪʃn] / job	Stellung
a difficult exercise ['eksəsaɪz]	eine schwere Übung
soldier ['səʊldʒə]	Soldat(in)
intend [ɪn'tend]	beabsichtigen
expect [ɪk'spekt]	erwarten

Prepositions: You're good at them!

Hier geht es überwiegend um Adjektiv + Präposition, und zwar Fälle, wo das Englische vom Deutschen abweicht. Ärgern Sie sich also nicht. Merken Sie sich vor allem: *typical of* = „typisch für".

Setzen Sie passende Präpositionen ein.

a) He's not afraid __________ expressing his opinion.
b) He's an accomplished liar and exceedingly clever __________ covering his tracks.
c) As a full-time employee you will be entitled __________ various benefits.
d) Many people are frightened __________ losing their jobs.
e) This dictionary is particularly good __________ idioms.
f) I'm not very good __________ remembering names.
g) When their poodle fell ill __________ a throat infection, they sent immediately __________ the country's leading ear, nose, and throat specialist.
h) Aunty Stella is jealous __________ every woman, old or young, who comes near Uncle Fred.
i) He's married __________ a former Miss Universe who is 30 years younger __________ him.
j) He's married __________ two children and three grandchildren.
k) The region is rich __________ natural resources.
l) Police became suspicious __________ the man, stopped him and discovered the explosives belt.
m) His reaction is typical __________ someone who does not like to admit he's wrong.

express one's opinion [ə'pɪnjən]	seine Meinung äußern
an accomplished [ə'kʌmplɪʃt] liar ['laɪə]	ein vollendeter / versierter Lügner
exceedingly [ɪk'si:dɪŋli] clever	äußerst / ausgesprochen geschickt
cover ['kʌvə] one's tracks	seine Spuren verwischen
employee [ɪm'plɔɪi:]	Angestelle(r); Beschäftigte(r)
be entitled [ɪn'taɪtld] to something	Anspruch auf etwas haben
various ['væriəs] (fringe) benefits	diverse zusätzliche Leistungen
be frightened ['fraɪtnd]	Angst haben
particularly [pə'tɪkjələli] good	besonders gut
remember [rɪ'membə] names (→ S. 110)	sich Namen merken
throat infection ['θrəʊt ɪnfekʃn]	Halsentzündung
be jealous ['dʒeləs] of someone	auf jemand eifersüchtig sein
natural resources [rɪ'sɔ:sɪz]	natürliche Ressourcen; Naturschätze
become suspicious [sə'spɪʃəs]	Verdacht schöpfen
explosives [ɪk'spləʊsɪvz] belt	Sprengstoffgürtel

„Sie": *she, her, they, them, it, you*

Das kleine Wörtchen „sie" hat tatsächlich mindestens sechs Entsprechungen im Englischen, weshalb es Lernenden häufig Schwierigkeiten bereitet:

	Subjekt		**Objekt**
Weiblich:	**she**	is here	I see **her**
Sächlich:	**it**	is here	I see **it**
Plural:	**they**	are here	I see **them**
Anrede:	**you**	are here	I see **you**

Übersetzen Sie.

a) Warum will sie ihn heiraten?
b) Warum will er sie heiraten?
c) Warum wollen sie heiraten?
d) Wenn ich sie wäre, würde ich ihn nicht heiraten.
e) Wenn sie nicht gewesen wäre, hätte ich bestimmt den Verstand verloren.
f) Sie war es, die ihn umgebracht hat.
g) Sie waren es, die den Krieg angefangen haben.
h) Mir gefällt die Lampe, sie ist sehr hübsch, aber ich würde sie nicht kaufen.
i) Mir gefallen die Schuhe, sie sind sehr modisch, aber ich könnte sie nicht tragen.
j) Würden Sie bitte dieses Formular ausfüllen.
k) Darf ich Sie bitten, dieses Formular auszufüllen?

marry ['mæri] someone	jemand heiraten
I wouldn't ['wʊdnt] marry him	ich würde ihn nicht heiraten
if I were / was so-and-so	wenn ich Soundso wäre
if it hadn't been for X [eks]	wenn X nicht gewesen wäre
go mad / lose [lu:z] one's mind	den Verstand verlieren
it was X who ...	X war es, der ...
kill [kɪl] someone	jemand umbringen
start a war [wɔ:]	einen Krieg anfangen
I like the lamp [læmp]	mir gefällt die Lampe
buy [baɪ] something	etwas kaufen
wear [weə] trendy shoes [ʃu:z]	modische Schuhe tragen
fill in a form [fɔ:m]	ein Formular ausfüllen

Dual choice: A live coward is better than a dead hero

Beachten Sie den Ausspracheunterschied zwischen dem Verb *live* [ɪ] und dem Adjektiv *live* [aɪ]. Auch *alive* [ə'laɪv] ist ein Adjektiv, das aber im Gegensatz zu *live* [aɪ] nicht vor dem Nomen stehen kann:
a live [aɪ] *fish is alive.*
„Schatten" als „schattige Stelle" ist *shade,* als „Umriss eines nicht lichtdurchlässigen Körpers" dagegen *shadow.*
„Küche" als Raum ist *kitchen,* als „Art des Kochens" dagegen *cooking* oder (im Test nicht vorkommend) *cuisine* [kwɪ'zi:n]:
the secrets of French cuisine / cooking = die Geheimnisse der französischen Küche.

Welches Wort passt?

a) A __________ dog is better than a dead lion.
life · live
b) Luckily the fish was still __________ and we were able to get it back in the pond quickly.
alive · live
c) Most people prefer a __________ performance to a recorded one.
life · live
d) When Beethoven wrote his Fifth Symphony, Haydn was still __________.
alive · live
e) This CD was recorded __________ at the Royal Festival Hall, London, in the late 1980s.
alive · live
f) As a banker he has to wear a jacket and tie, even if it's 40 degrees in the __________.
shade · shadow
g) Peter Schlemihl is "The Man Who Sold His __________" in the famous story by Adelbert von Chamisso.
shade · shadow
h) I'm a huge fan of Indian __________.
cooking · kitchen
i) Curry is an important spice in an Indian __________.
cooking · kitchen

get the fish back in(to) the pond [pɒnd]	den Fisch zurück in den Teich schaffen
wear [weə] a jacket ['dʒækɪt]	ein Jackett tragen
even if it's 40 degrees [dɪ'gri:z]	auch wenn es 40 Grad sind
an important [ɪm'pɔ:tənt] spice	ein wichtiges Gewürz

„Kommen“: *Coming down is easier than going up*

Come (←) ist in seiner Grundbedeutung das Gegenteil von *go* (→). Sie können also *come* nicht (entsprechend dem Deutschen) benutzen, wenn die Bewegung weg vom Ort des Sprechens geht (vgl. die Sätze i und j).
„Kommen“ in der Bedeutung „gelangen“ ist häufig *get* (vgl. die Sätze d, e, f, h).
Ansonsten wird „kommen“ mitunter auch durch eine Form von *be* ausgedrückt (vgl. die Sätze b und n).

Übersetzen Sie.

a) Ich komme gerade von einer Beerdigung.
b) Ich kam zu spät zur Sitzung.
c) Wenn sie aus der Schule kommt, steht ihr Essen auf dem Tisch.
d) Als wir nach Hause kamen, war es Mitternacht.
e) Wie seid ihr hergekommen – mit dem Auto?
f) Wie komme ich zum Rathaus?
g) Wir kamen durch ein Städtchen namens Rogersville.
h) Ich bin nur bis Seite 50 gekommen.
i) Kommen gute Menschen in den Himmel?
j) Er wurde erwischt und kam ins Gefängnis.
k) Wir mussten den Arzt kommen lassen.
l) Mir kam der Gedanke, dass irgendetwas schiefgegangen sein musste.
m) Was auch immer kommen mag, wir werden immer einen Weg finden.
n) Wo kommen (= stammen) Sie her?
o) Wie kommt es, dass du so elegant angezogen bist?
p) Sie kommt nach ihrer Mutter.
q) Es kam alles ganz anders.

funeral ['fju:nərəl]	Beerdigung
meeting ['mi:tɪŋ]	Sitzung
her lunch [lʌntʃ] / dinner	ihr Essen
midnight ['mɪdnaɪt]	Mitternacht
by car [baɪ 'kɑ:]	mit dem Auto
town hall / city hall [sɪti 'hɔ:l]	Rathaus
a little town called Rogersville	ein Städtchen namens Rogersville
page [peɪdʒ] 50	Seite 50
good people ['pi:pl]	gute Menschen
heaven ['hevn]	(der) Himmel
catch [æ] – caught [ɔ:] – caught	erwischen – erwischte – erwischt
prison ['prɪzn]	Gefängnis
dressed smart(ly) / elegantly ['elɪgəntli]	elegant angezogen

„Rand“ Crossword

Das deutsche Wort „Rand“ hat im Englischen eine erstaunliche Vielzahl von Entsprechungen. In den *clues* zum *Crossword* fehlt jeweils das Wort für „Rand“ oder „Ränder“. Setzen Sie es in das *Crossword* ein. *Have fun!*

ACROSS

2 She filled the cup to the __________ with boiling hot tea.

4 I could tell by the red __________ around his eyes that he had been working through the night.

6 Humans have pushed orang-utans to the __________ of extinction.

8 In the USA, there are vast numbers of undocumented immigrants living on the __________ of society.

9 You must never dive off the __________ of the pool unless you know for sure that the water is deep enough.

DOWN

1 Cheaper hotels and motels are to be found on the __________ of the city.

3 Please write clearly and leave a wide __________ for corrections.

4 He was pale and had dark __________ round his eyes.

5 He was obviously on the __________ of a nervous breakdown.

7 The hotel is beautifully situated at the __________ of a forest.

Deutsch: Adverb – Englisch: Verb

In den folgenden Sätzen entspricht einem Adverb im Deutschen eine Verbkonstruktion im Englischen.

Benutzen Sie zur Übersetzung die eingeklammerten Verben in der passenden Form.

a) **Zufällig** kenne ich die Geschichte. (happen)
b) Der Angeklagte erschien **nicht** vor Gericht. (fail)
c) **Hoffentlich** hast du recht. (hope)
d) **Wahrscheinlich** bin ich eifersüchtig. (guess / suppose)
e) Ich bin **gern** hier. (like)
f) Ich bin **sehr gern** mit dir zusammen. (enjoy)
g) Ich würde **liebend gern** kommen, aber ich glaube nicht, dass ich es schaffen kann. (love)
h) Ich würde **lieber** mit dem Zug fahren. (prefer)
i) **Vielleicht** ist es ein Druckfehler. (may)
j) Wir haben **früher** hier gewohnt. (used to)
k) Wo sie **wohl** ist? (wonder)
l) Es war **wohl** nur ein Gerücht. (suppose)
m) Die Preise steigen **weiter**. (continue)
n) Lesen Sie bitte **weiter**. (go on)
o) Ich sage **immer wieder** das Falsche. (keep)
p) Ich sagte ihr, sie solle aufhören, aber sie schimpfte immer **weiter**. (keep on)

I know [nəʊ] the story	ich kenne die Geschichte
the defendant / accused [əˈkjuːzd]	der / die Angeklagte
appear [əˈpɪə] in court	vor Gericht erscheinen
you're right [jɔː ˈraɪt]	du hast recht
jealous [ˈdʒeləs]	eifersüchtig
I can't make it [kɑːnt ˈmeɪk]	ich kann es nicht schaffen
go by train [treɪn]	mit dem Zug fahren
misprint [ˈmɪsprɪnt]	Druckfehler
rumour [ˈruːmə]	Gerücht
rise [aɪ] – rose [əʊ] – risen [ɪ]	(*Preise:*) steigen – stieg – gestiegen
say the wrong thing(s)	das Falsche sagen
stop [stɒp]	aufhören
moan [məʊn]	jammern; schimpfen

I remember reminding you to make tea before doing your homework

Auf dieser Seite zwei *notorious troublemakers*: die Unterscheidung zwischen *make* und *do* (→ S. 97) und zwischen den häufig verwechselten Verben *remember* und *remind*.

Make oder _do_?
Setzen Sie die passende Form von _make_ oder _do_ ein.

a) Have you __________ your homework?
b) Praise your dog when it __________ something right, but do not punish it harshly when it __________ something wrong.
c) Shall I __________ you some coffee?
d) She hardly ever __________ mistakes.
e) She __________ a delicious pie and we sat and chatted.
f) What do you __________ for a living?
g) What have you __________ with your hair? I liked it the way it was before.
h) You don't save money if you __________ your own dresses.
i) You have __________ an excellent choice.

Remember oder _remind_?
Ergänzen Sie die passende Form von _remember_ oder _remind,_ und übersetzen Sie die Sätze.

j) I can't __________ what I did today.
k) I think I __________ seeing his name on the list.
l) He wrote to __________ me to put his name on the list.
m) Please __________ me to call Tony.
n) I must __________ to call Tony.
o) This photo __________ me of my childhood.
p) This photo makes me __________ my childhood.

notorious [nəʊ'tɔːriəs]	notorisch; berüchtigt
troublemaker ['trʌblmeɪkə]	Unruhestifter(in); Störenfried
praise [preɪz] your dog	lobe deinen Hund
punish ['pʌnɪʃ] someone harshly	jemand streng bestrafen
a delicious pie [dɪ'lɪʃəs 'paɪ]	eine leckere Pastete
chat [tʃæt]	plaudern; klönen
for a living ['lɪvɪŋ]	als Lebensunterhalt
the way it was before	wie es vorher war
save money ['seɪv 'mʌni]	Geld sparen
an excellent ['eksələnt] choice	eine ausgezeichnete Wahl
remember [rɪ'membə]	sich erinnern
remind [rɪ'maɪnd] someone to do sth	jemand daran erinnern, etw zu tun

So ist es nun mal – *That's the way it is*

Dem deutschen „so" entsprechen im Englischen eine Reihe von Wörtern und Wortgruppen: *so, such, like that, (that's) the way, as, that, this.*

Benutzen Sie diese Ausdrücke beim Übersetzen der folgenden Sätze.

a) Sie ist ja so klug.
b) Es ist ja so schade.
c) Warum bist du denn so aggressiv?
d) Ich liebe dich ja so sehr.
e) Er ist so ein Idiot.
f) Er ist so ein fantastischer Liebhaber.
g) So einen Hund habe ich noch nie gesehen.
h) So ist das Leben.
i) Du musst die Flasche (*zeigt:*) so öffnen.
j) So ist er nun mal.
k) Sie behandelt ihn so, wie ein Lehrer ein ungezogenes Kind behandeln würde.
l) Ihr Haar war so schwarz wie Ebenholz.
m) Du bist fast so gut wie ich.
n) Sie kümmerte sich um ihn so gut sie konnte.
o) Ich gebe dir so bald wie möglich Bescheid.
p) Wären Sie wohl so freundlich, mir das Buch zu signieren?
q) So einfach ist es nun auch wieder nicht.
r) Ich ahnte nicht, dass es so teuer sein würde.
s) Der Stein war etwa (*zeigt:*) so groß.
t) Du musst es (*zeigt:*) so machen.
u) Hast du es so gemacht, wie ich dir gesagt habe?

clever ['klevə]	klug
it's a pity ['pɪti]	es ist schade
fool [fu:l] / idiot ['ɪdiət]	Idiot
a fantastic [fən'tæstɪk] lover	ein fantastischer Liebhaber
open the bottle ['bɒtl]	die Flasche öffnen
treat [tri:t]	behandeln
a naughty ['nɔ:ti] child	ein ungezogenes Kind
ebony ['ebəni]	Ebenholz
take (– took – taken) care of someone	sich um jemand kümmern
I'll let you know [nəʊ]	ich werde dir Bescheid geben
autograph ['ɔ:təgrɑ:f] a book	ein Buch signieren
simple ['sɪmpl] / easy ['i:zi]	einfach
I didn't think [θɪŋk]	ich ahnte nicht

11

„Ärger“, „Ärgernis“, „ärgerlich“, „verärgert“, „böse“, „wütend“

Setzen Sie jeweils ein passendes Wort aus der folgenden Liste ein.

bother, nuisance, trouble; angry, annoyed, cross, furious, irritated; angrily, furiously; annoying, irritating; evil, wicked

a) I had a lot of __________ at the office.
b) The new law has caused us a lot of __________.
c) There goes our bus. What a __________!
d) Cell phones in restaurants are a bloody __________.
e) Are you __________ with me?
f) It's __________ when someone's mobile phone rings in class.
g) In Sweden, people get extremely __________ when the bus is two minutes late.
h) While the amplified sounds of a rock concert are music to some ears, they are __________ noise to others.
i) Shoppers and traders have reacted __________ to the news that one of Dursley's busiest car parks could be sold.
j) The athlete __________ denied the allegation that he used performance-enhancing drugs.
k) She was absolutely __________ when he accused her of lying.
l) A lot of __________ things have been done in the name of religion.
m) Snow White had a(n) __________ stepmother.

trouble ['trʌbl] / bother ['bɒðə]	Ärger
nuisance ['nju:sns]	Ärgernis
angry ['æŋgri]	böse; verärgert; wütend
annoyed [ə'nɔɪd]	verärgert
cross [krɒs]	böse; ärgerlich
furious ['fjʊəriəs]	wütend
annoying [ə'nɔɪɪŋ] / irritating ['ɪrɪteɪtɪŋ]	ärgerlich; lästig
evil ['i:vl] / wicked ['wɪkɪd]	(*moralisch*) böse, schlecht
cause [kɔ:z]	verursachen; bereiten
bloody ['blʌdi]	verdammt
amplify ['æmplɪfaɪ]	verstärken
noise [nɔɪz]	Lärm
a busy ['bɪzi] car park	ein stark benutzter Parkplatz
deny [di'naɪ] an allegation [ælə'geɪʃn]	sich gegen eine Behauptung wehren
performance-enhancing [ɪn'hɑ:nsɪŋ] drugs (→ S. 77)	leistungssteigernde Mittel
accuse [ə'kju:z] someone of lying	jemand der Lüge bezichtigen

„Brauchen“: *Do you have what it takes?*

Bei „brauchen“ sind im Wesentlichen vier Entsprechungen zu unterscheiden:
1. = „benötigen“: *How much money will you need?*
2. = „Zeit in Anspruch nehmen“: *How much time will it take (you)?*
3. = „verbrauchen“: *A big car uses too much petrol.*
4. = Gegenteil von *must / have to*: *You needn't come / don't need to come.*

Übersetzen Sie.

a) Was wir brauchen, sind Menschen mit neuen Ideen.
b) Wir brauchen noch weitere 10000 Euro.
c) Werden Sie ein Wörterbuch brauchen?
d) Wie lange werden Sie für das Buch brauchen?
e) Wie lange braucht man zum Flughafen?
f) Er brauchte eine Stunde, um eine Parklücke zu finden.
g) Energiesparlampen brauchen viel weniger Strom und halten viel länger.
h) Man braucht kein Genie zu sein, um Einsteins berühmte Gleichung zu verstehen.
i) Du wirst nicht zu warten brauchen.
j) Ich brauchte nicht zu warten.
k) Du hättest nicht zu warten brauchen.

people with new ideas [aɪ'dɪəz]	Menschen mit neuen Ideen
another 10,000 euros ['jʊərəʊz]	weitere 10000 Euro
dictionary ['dɪkʃənri]	Wörterbuch
get to the airport ['eəpɔːt]	zum Flughafen kommen / gelangen
parking space ['pɑːkɪŋ speɪs]	Parklücke
energy-saving light bulb	Energiesparlampe
less electricity [ɪlek'trɪsəti]	weniger Strom
they last longer [lɑːst 'lɒŋgə]	sie halten länger
a genius ['dʒiːniəs]	ein Genie
famous ['feɪməs]	berühmt
equation [ɪ'kweɪʒn]	Gleichung
wait [weɪt]	warten

11

It took me fifteen years to discover that I had no talent for writing, but I couldn't give it up because by that time I was too famous. „Ich brauchte fünfzehn Jahre um festzustellen, dass ich kein Talent zum Schreiben hatte, aber ich konnte es nicht aufgeben, da ich inzwischen zu berühmt war.“
(*Robert Benchley, American humorist and critic, 1889–1945*)

Multiple choice: If the shoe doesn't fit, don't wear it

Which word fits?

a) The ride was smooth and we reached our __________ in two hours.
aim · destination · target
b) He fired six bullets, and missed the __________ every time.
aim · goal · target
c) Our __________ is to create an environment which makes criminal activity as difficult as possible.
aim · destination · target
d) Mountaineers witnessing the incident described how the soldiers took careful __________ and fired repeatedly at the civilians.
aim · goal · target
e) We'll have to be creative and flexible to achieve our __________.
destinations · goals · targets
f) The man who sacrifices his life to save another is __________ as a hero.
esteemed · estimated · guessed
g) The number of servers Google runs is unknown but is __________ to be in the hundreds of thousands.
esteemed · estimated · guessed
h) You might have __________ from the name that the restaurant doesn't serve traditional English fare.
esteemed · estimated · guessed

ride [raɪd]	Fahrt
smooth [smuːð]	ruhig; reibungslos
aim [eɪm] / goal [gəʊl]	Ziel (*das man anstrebt*)
destination [destɪ'neɪʃn]	(Reise-, Fahrt-)Ziel; Bestimmungsort
target ['tɑːgɪt]	Ziel(scheibe); (*z. B. Produktions-*)Ziel
bullet ['bʊlɪt] ⚠	(*z. B. Pistolen-*)Kugel
environment [ɪn'vaɪrənmənt]	Umfeld; Milieu
mountaineer [maʊnti'nɪə]	Bergsteiger(in)
witness an incident ['ɪnsɪdənt]	Zeuge eines Vorfalls sein
describe [dɪ'skraɪb]	beschreiben; schildern
fire repeatedly [rɪ'piːtɪdli] at	wiederholt feuern / schießen auf
achieve [ə'tʃiːv] an aim / a goal	ein Ziel erreichen
sacrifice ['sækrɪfaɪs]	opfern
esteem [ɪ'stiːm]	(hoch) schätzen
estimate ['estɪmeɪt]	(*Preis, Größe, Anzahl etc.*) schätzen
guess [ges]	schätzen; erraten; vermuten
traditional [trə'dɪʃnəl] English fare	traditionelle englische Kost

„Bringen": *Bring it here and take it there*

Die (allerdings auch von Muttersprachlern nicht immer beachtete) Regel ist:
bring = hin zum Sprecher oder zusammen mit dem Sprecher
take = weg vom Sprecher bzw. vom Ort des Sprechens
In dem Märchen von *Little Red Riding Hood* sagt die Mutter zu Rotkäppchen:
*Here is a piece of cake and a bottle of wine. **Take** them to your grandmother.*
Hätte die Oma Rotkäppchen um diese Dinge gebeten, so hätte sie das so ausgedrückt:
*Could you please **bring** me a piece of cake and a bottle of wine?*
Außer *bring* und *take* kommen in den folgenden Sätzen noch folgende Entsprechungen für „bringen" vor: *carry, get, give, make, put.*

Übersetzen Sie.

a) Er bringt mir jeden Tag Blumen.
b) Sie ließ für uns alle Pizzen bringen.
c) Warum habt ihr die Kinder nicht mitgebracht?
d) Kannst du das Auto in die Werkstatt bringen?
e) Ich bringe dich zum Flughafen.
f) Ihr solltet ihn sofort ins Krankenhaus bringen.
g) Wir gingen früh nach Hause, um die Kinder ins Bett zu bringen.
h) Dieses Auto hat uns nichts als Ärger gebracht.
i) Sie brachte ihn dazu, den Vertrag zu unterschreiben.
j) Es ist sehr schwierig, ihn zum Lachen zu bringen.
k) Ich konnte es nicht über mich bringen, ihr die Wahrheit zu sagen.
l) Wir müssen es schnell hinter uns bringen.
m) Kennedy war einer der wenigen Senatoren, die es bis zum Präsidenten gebracht haben.
n) Alle Zeitungen brachten die Geschichte.

flower ['flaʊə]	Blume
pizza ['pi:tsə] ⚠	Pizza
garage ['gærɑ:ʒ]	(Autoreparatur-)Werkstatt
immediately [ɪ'mi:diətli] / straight away	sofort
hospital ['hɒspɪtl]	Krankenhaus
trouble ['trʌbl]	Ärger (→ S. 112)
sign [saɪn] a contract ['kɒntrækt]	einen Vertrag unterschreiben
difficult ['dɪfɪkəlt]	schwierig
tell someone the truth [tru:θ]	jemand die Wahrheit sagen
few [fju:]	wenige
senator ['senətə]	Senator(in)

Das Verb, das „erreichen", „erzielen", „erringen" ausdrückt

Die fett gedruckten Nomen in den folgenden Sätzen bezeichnen alle etwas, das man erreichen, erzielen, erringen möchte. Das zu den Nomen passende Verb ist immer das gleiche.

Setzen Sie das Verb jeweils in der richtigen Form ein.

a) They could have __________ their **aims** by choosing negotiation instead of violence.
b) Persistence is one of the qualities you need to __________ an **end**.
c) Alcohol Prohibition in the United States (1920–33) didn't __________ its **goals**.
d) The dictator __________ his **objectives** by suppressing his opponents, censoring the press, and manipulating elections.
e) He's written a book that tells you how to __________ **success** in whatever you do.
f) The general said he needed more troops to __________ **victory**.

Wörter, die „sein" ausdrücken

Setzen Sie die passende Entsprechung für „sein" ein.

g) Where will we __________ tomorrow?
h) The wine has lost __________ flavour.
i) He is a well-educated man and he certainly knows __________ subject.
j) Everyone has __________ share of bad luck, don't they?
k) One shouldn't overestimate __________ own strength.
l) That must __________ been in Glasgow in 1995.
m) __________ strong means overcoming the fear to do what you know is right.
n) Oh, __________ on the Riviera now that winter's here! Wouldn't that be terrific!

11

negotiation [nɪgəʊʃi'eɪʃn]	Verhandlung(en)
violence ['vaɪələns]	Gewalt(tätigkeit)
persistence [pə'sɪstəns]	Hartnäckigkeit; Beharrlichkeit
prohibition [prəʊɪ'bɪʃn]	Verbot
suppress [sə'pres] opponents [ə'pəʊnənts]	Gegner unterdrücken
flavour ['fleɪvə]	Aroma
know one's subject ['sʌbdʒɪkt]	sein Fach beherrschen
one's share [ʃeər] of bad luck	seine Portion Pech
he overestimates his strength [streŋθ]	er überschätzt seine Kraft

„Aus“: *Out of sight, out of mind*

Für „aus“ als Präposition sind *out of* und *from* die häufigsten Entsprechungen. Nur die Sätze j bis p erfordern andere Übersetzungen.

Übersetzen Sie.

a) Sie tat es aus Liebe.
b) Der Zauberer zog ein Kaninchen aus dem Hut.
c) Das kleine Mädchen fiel aus dem Fenster, aber ein Mann konnte es auffangen.
d) Ich bin ein bisschen aus der Übung.
e) Sie schrieb uns aus Paris.
f) Der beste Whisky kommt aus Schottland.
g) Du musst nicht aus der Bratpfanne ins Feuer springen.
h) Wir müssen aus unseren Fehlern lernen.
i) Hierzulande wird die Butter aus Kuhmilch hergestellt.
j) Die Griffe sind aus Plastik.
k) Ich bin aus folgenden Gründen gegen den Gesetzentwurf.
l) Die Datei wurde aus Versehen gelöscht.
m) Was ist aus unsern Idealen geworden?
n) (*Tennis:*) Der Ball war aus.
o) Die Schule ist aus.
p) Das Spiel ist aus.

magician [mə'dʒɪʃn]	Zauberer
rabbit ['ræbɪt]	Kaninchen
out of practice ['præktɪs]	aus der Übung
write [raɪt] – wrote – written	schreiben – schrieb – geschrieben
frying pan ['fraɪɪŋ pæn]	Bratpfanne
mistake [mɪ'steɪk]	Fehler (→ S. 75)
in this country ['kʌntri]	hierzulande
cow's milk ['kaʊz mɪlk]	Kuhmilch
handle ['hændl]	Griff
plastic ['plæstɪk]	Plastik; Kunststoff
reason ['ri:zn]	(*logischer*) Grund
bill [bɪl]	Gesetzentwurf
delete [dɪ'li:t] a file	eine Datei löschen
ideal [aɪ'dɪəl]	Ideal; ideal

Advanced Learner's Crossword

Dieses *Crossword* enthält Wörter, die schwer zu unterscheiden sind und bei deren Gebrauch deshalb häufig Fehler gemacht werden.

Tragen Sie die englische Übersetzung des deutschen Worts in das *Crossword* ein – es ist immer ein Wort.

ACROSS

3 Sports cars usually have powerful (*Motoren*).

7 A week is a long time in (*der Politik*).

10 I am interested in everything to do with (*Technik*).

12 A (*Punkt*) is used to end a sentence that is not a question or an exclamation. (Use the American word for *Punkt*.)

13 She doesn't like to (*tragen*) a lot of luggage.

DOWN

1 She doesn't like to (*tragen*) skirts.

2 In the 19th century, a Belgian mathematician developed a (*Technik*) for measuring the amount of fat in the human body.

4 The green (*Farbe*) on the walls was peeling badly.

5 He criticized the government's health (*Politik*).

6 For further information go to our website <u>www.englishmaster.(*Punkt*)de</u>

8 The pump is driven by an electric (*Motor*).

9 That's a (*Punkt*) we'll return to later.

11 Green is my favourite (*Farbe*).

Andersartige Konstruktionen im Deutschen und Englischen

In den Beispielen auf dieser Seite entspricht dem deutschen Satz im Englischen eine ganz andere Konstruktion.

Übersetzen Sie jeweils.

Deutsch: Nomen – Englisch: Verb-Konstruktion

a) Das soll wohl ein **Witz** sein.
b) Er wird bestimmt **Erfolg** haben.
c) Schnelles **Handeln** war erforderlich.
d) Ich kann deinen **Ärger** gut verstehen.
e) Ich habe gerade mit der **Lektüre** seines neuesten Romans begonnen.
f) Sie hat mich nie um **Entschuldigung** gebeten.
g) Vom Augenblick unserer **Ankunft** an wurden wir verwöhnt.

Deutsch: „mir"-Konstruktion – Englisch: *I*-Konstruktion

h) **Mir** ist kalt.
i) **Mir** ist schlecht.
j) **Mir** ist es egal.
k) **Mir** ist egal, was die Leute sagen.
l) **Mir** ist so komisch zumute.
m) Sie tut **mir** so leid.
n) **Mir** wurde klar, dass ich mich ändern musste.
o) **Mir** macht es nichts aus.
p) **Mir** gefällt die Musik nicht.

Deutsch: „mich"-Konstruktion – Englisch: *I*-Konstruktion

q) Geld interessiert **mich** nicht.
r) **Mich** wundert, dass er noch immer frei herumläuft.
s) Es hat **mich** nicht sonderlich beeindruckt.
t) Es freut **mich**, dass es dir gefallen hat.

his latest novel ['nɒvl]	sein neuester Roman
spoil [spɔɪl] someone	jemand verwöhnen
I had to change [tʃeɪndʒ]	ich musste mich ändern
music ['mju:zɪk]	Musik
money ['mʌni]	Geld
he's still at large [ət 'lɑ:dʒ]	er läuft immer noch frei herum
not particularly [pə'tɪkjələli]	nicht sonderlich
impress [ɪm'pres] someone	jemand beeindrucken

12

„Groß“: *Big fish eat little fish*

Setzen Sie eine passende Entsprechung für „groß“ in der richtigen Form ein.

a) It was quite a __________ room, about 20 square metres.
b) D'you see that __________ house down there in the trees?
c) It was a __________ mistake to go there.
d) I'd hesitate to spend such a __________ amount of money.
e) Albert Einstein was one of the __________ scientists of all time.
f) The Annual Ball is always a __________ occasion.
g) The storms caused __________ delays for commuters.
h) You're a __________ boy now. You can get to school on your own.
i) My __________ sister is so bossy.
j) He's 1.85 metres __________.
k) He's only fourteen but already __________ than his father.
l) Higher incomes do not mean __________ happiness.
m) This coat is at least two sizes too __________.
n) The store offers a __________ selection of high-quality fashions.
o) She looked as if she was in __________ pain.
p) Of the Latin poets he studied Ovid with the __________ pleasure.
q) A __________ coalition might be the best solution.
r) One of Lincoln's __________ skills was his talent as a cross-examiner.
s) Her 90th birthday was celebrated in a __________ way.
t) The wedding of the two megastars was a very __________ occasion.
u) What the world needs is a __________ strategy for fighting poverty.

square metre [skweə 'mi:tə]	Quadratmeter
hesitate ['hezɪteɪt]	zögern
amount [ə'maʊnt] of money	Geldbetrag
scientist ['saɪəntɪst]	Naturwissenschaftler(in)
annual ['ænjuəl]	alljährlich
occasion [ə'keɪʒn]	Anlass
cause [kɔ:z]	verursachen
delay [dɪ'leɪ]	Verspätung
commuter [kə'mju:tə]	Pendler(in)
on your own [ɒn jɔ:r 'əʊn]	allein
size [saɪz]	(Konfektions-)Größe, Nummer
high-quality ['kwɒləti] fashion	Qualitätsmode
the Latin ['lætɪn] poets ['pəʊɪts]	die lateinischen Dichter
skills [skɪlz]	Fähigkeiten
cross-examine [krɒsɪg'zæmɪn] someone	jemand ins Kreuzverhör nehmen
celebrate ['seləbreɪt] a birthday	einen Geburtstag feiern
fight poverty ['pɒvəti]	die Armut bekämpfen

„Gern": „Der kann mich mal gern haben!"

Zum Ausdruck des deutschen „gern" gibt es im Englischen verschiedene idiomatische Möglichkeiten.

Beachten Sie bei der Übersetzung die eingeklammerten Hilfen.

a) Sie hat ihn sehr gern. (*like*)
b) Ich bin gern mit Freunden zusammen. (*like*)
c) Ich lasse mich nicht gern anbrüllen. (*like*)
d) Ich hätte gern einen Kaffee. (*like*)
e) Ich würde ja liebend gern kommen, aber ich kann leider nicht. (*love*)
f) Ich würde gern den Rest meines Lebens hier verbringen. (*gladly*)
g) Gern sieht sie den Kindern beim Spielen zu. (*enjoy*)
h) Ich habe die Goldfische richtig gern. (*fond*)
i) Ich will Ihnen gern helfen. (*happy*)
j) Sie sind bei uns immer gern gesehen. (*welcome*)
k) Sie können gern unser Telefon benutzen. (*welcome*)
l) Sie können die Liste gern haben. (*welcome*)
m) Was, beschwert er sich schon wieder? Er kann mich mal gern haben! (*get stuffed*)

be with friends [frendz]	mit Freunden zusammen sein
shout [ʃaʊt] at someone	jemand anbrüllen
unfortunately [ʌn'fɔːtʃənətli]	unglücklicherweise; leider
spend the rest of my life here	den Rest meines Lebens hier verbringen
watch [wɒtʃ] the children play	den Kindern beim Spielen zusehen
goldfish ['gəʊldfɪʃ]	Goldfisch(e)
use [juːz] the phone [fəʊn]	das Telefon benutzen
complain [kəm'pleɪn]	sich beschweren
get stuffed! [get 'stʌft]	du kannst mich mal (gern haben / am Abend besuchen)!

Stuff (eigentlich = „stopfen") ist britischer Slang und wird in Ausdrücken wie diesen gebraucht:

Stuff it! What do I care?	Scheiß drauf! Ist mir doch wurscht!
(You can) Stuff your money!	Ich scheiß auf dein Geld!
I couldn't give a stuff what they think.	Ist mir doch scheißegal, was die denken! (→ S. 124)

Dual choice: The jury was convinced and convicted the defendant

Welches Wort passt?

a) I warned them again and again, but no one _________.
heard · listened

b) Am I _________ what you are saying? I mean, do you mean what you say?
hearing · listening

c) D'you know the Randy Raiders? I'm just _________ their latest album.
hearing · listening to

d) I have no time for TV, but I _________ the radio a lot.
hear · listen to

e) He was _________ of robbery and sentenced to 18 years in prison.
convicted · convinced

f) He was _________ of the need for social change.
convicted · convinced

g) Would it be _________ wrong to clone a human being?
ethically · ethnically

h) They live in a racially, culturally, and _________ diverse neighbourhood.
ethically · ethnically

i) We watched the film several times and were able to see where _________ strong and weak points are.
it's · its

j) You have to see a film several times to see where _________ strong and where _________ weak.
it's · its

k) That's a decision only you can _________.
do · make

l) The airline is currently _________ talks with Boeing and Airbus to purchase aircraft.
holding · leading

again and again [ə'gen]	immer wieder
sentence to 18 years in prison ['prɪzn]	zu 18 Jahren Gefängnis verurteilen
convict [kən'vɪkt] someone	jemand schuldig befinden / verurteilen
convince [kən'vɪns]	überzeugen
social change [səʊʃl 'tʃeɪndʒ]	soziale Veränderungen
clone a human being [hju:mən 'bi:ɪŋ]	einen Menschen klonen
ethical(ly) ['eθɪkəl(i)]	ethisch; moralisch einwandfrei
ethnic(ally) ['eθnɪk(əli)]	ethnisch
a culturally diverse [daɪ'vɜ:s] neighbourhood	ein multikultureller Kiez
currently ['kʌrəntli]	zur Zeit
purchase ['pɜ:tʃəs] aircraft ['eəkrɑ:ft]	Flugzeuge kaufen

„Besuchen" – „Besuch": *Short visits make long friends*

Das allgemeinste Wort für „besuchen" ist *visit*. Umgangssprachlich und sehr häufig sind auch *call on (someone), come and see (someone), come to see (someone / a place), go to see (someone / a place)*.
„Besuchen" im Sinne von „teilnehmen" ist *go to* oder *attend (a school / a lecture / a meeting etc.)*.
Beim Nomen ist die nachfolgende Präposition *to* zu beachten:
a visit **to** *London* = „ein Besuch **in** London".

Übersetzen Sie.

a) Sie besucht eine Schule in Oldham, wohnt aber nicht in Oldham.
b) Die Königin besucht regelmäßig Schulen.
c) Wenn sie in Schottland ist, besucht die Königin regelmäßig den Gottesdienst in der Crathie Church.
d) Unsere Vertreter besuchen täglich bis zu zehn Kunden.
e) Kommen Sie uns doch mal besuchen!
f) Gestern kam uns ein alter Bekannter besuchen.
g) Wir haben sie in Glasgow besucht, als wir das letzte Mal in Schottland waren.
h) Wir haben gestern die Monet-Ausstellung in der Königlichen Akademie besucht.
i) Die Versammlung war gut besucht.
j) Zur Zeit besucht sie einen Englischkurs in Folkestone.
k) Sie starb während eines Besuches in Kanada vor fünf Jahren.
l) Im Dezember 1970 stattete Elvis Presley der Stadt einen Besuch ab.
m) Bei einem kürzlichen Besuch konnte ich einige sehr schöne Bilder von dem Dorf machen.

regularly attend [ə'tend] services	regelmäßig den Gottesdienst besuchen
our sales reps ['seɪlz reps]	unsere Vertreter
up to ten customers ['kʌstəməz]	bis zu zehn Kunden
an old friend [frend]	ein(e) alte(r) Bekannte(r)
exhibition [eksɪ'bɪʃn]	Ausstellung
meeting ['mi:tɪŋ]	Versammlung
currently ['kʌrəntli] / at the moment	zur Zeit
pay a visit to someone / a place	jem. / einem Ort einen Besuch abstatten
on a recent ['ri:snt] visit	bei einem kürzlichen Besuch
take pictures ['pɪktʃəz] of something	Bilder von etwas machen

The F-word

Das Wort *fuck* kommt in der Alltagssprache zu oft vor, als dass man es in einem Buch über die am häufigsten gebrauchten Wörter ignorieren dürfte. Zunächst: *Fuck* bezeichnet ursprünglich den Geschlechtsakt (*sexual intercourse*) und wird auch heute noch (nicht nur vulgär) in diesem Sinn gebraucht. Diese „biologische" Verwendung interessiert uns hier nicht. Was uns interessieren muss, ist der Gebrauch des Wortes als Kraftausdruck, nämlich:

1. als Verstärker,
2. als Ausdruck von Ärger oder Verachtung.

Häufige deutsche Entsprechungen sind „Scheiß(-)" oder „verdammt".

Besonders häufig vorkommende Verwendungen des Wortes:

a)	Fuck you!	Leck mich (doch am Arsch)!
b)	Fuck him!	Der kann mich mal (...)!
c)	Fuck what you think!	Ich scheiß auf deine Meinung!
d)	Where the fuck is Jack?	Wo zum Teufel ist Jack?
e)	Fuck off!	Verpiss dich!
f)	I fucked up my maths exam.	Ich hab die Mathe-Klausur in den Sand gesetzt.
g)	You know fuck all about football	Du hast keinen Schimmer von Fußball.
h)	I had fuck all to do with it.	Ich hatte nicht das Leiseste damit zu tun.
i)	The fucking computer / car!	Der Scheißcomputer / Das Scheißauto!
j)	I don't fucking care.	Es ist mir scheißegal.
k)	Fucking hell!	Verdammte Scheiße!
l)	It was fucking boring.	Es war scheißlangweilig.
m)	Shut the fuck up!	Halt doch bloß die Schnauze!
n)	There's been a fuck-up.	Da hat jemand Scheiße gebaut.
o)	That really fucks me off.	Das geht mir voll auf den Sack.

Als Nichtmuttersprachler sollte man *fuck* eher nicht benutzen.

12 **Ersetzen Sie die *fuck*-Ausdrücke in den obigen Beispielen durch standardsprachliche bzw. „mildere" Formulierungen aus der folgenden Liste.**

a bad mistake has been made, annoys me tremendously, be quiet, bloody, damn(ed), extremely, flunked, get lost, give a damn, I don't care, leave me alone, let him go to hell, nothing at all, oh damn, on earth, shut up, very

„Sprechen", „reden": *Talk less, listen more*

Übersetzen Sie.

a) Er spricht Spanisch, aber kein Französisch.
b) Sie ist fast vier, aber kann noch nicht sprechen.
c) Ach, da bist du ja, Emily, wir haben gerade von dir gesprochen.
d) Wenn man vom Teufel spricht, dann ist er nicht weit.
e) Darüber werden wir reden müssen.
f) Wir reden nie über Politik.
g) Ich muss mit Ihnen reden.
h) Könnte ich Sie mal kurz sprechen?
i) Mit ihr kann man einfach nicht reden.
j) Wir reden nicht mehr miteinander.
k) Klar, er sagt nicht viel, aber wenn er redet, dann ist man ganz Ohr.
l) Du hast gut reden.
m) Kann ich den Chef sprechen?
n) Ich werde morgen mit deiner Lehrerin reden – vielleicht gibt sie dir einen Tag frei.
o) Ich musste mir das von der Seele reden.
p) Er sprach vor beiden Häusern des Kongresses.

Spanish ['spænɪʃ]	Spanisch
French [frentʃ]	Französisch
she's almost ['ɔːlməʊst] four	sie ist fast vier
talk [tɔːk] about something	über / von etwas reden
speak of the devil ['devl]	vom Teufel reden
talk (about) politics ['pɒlətɪks]	über Politik reden
have a word with someone	(kurz) mit jemand sprechen
talk to each other / one another	miteinander reden
I'm all ears [ɪəz]	ich bin ganz Ohr
speak / talk to the boss [bɒs]	mit dem Chef / der Chefin sprechen
give someone a day off	jemand einen Tag frei geben
get something off one's chest	sich etwas von der Seele reden
address [ə'dres] both houses of Congress	vor beiden Häusern des Kongresses sprechen

To make enemies, talk; to make friends, listen.
Actions speak louder than words.
Never trust a man who speaks well of everybody.
Speak when you are spoken to.
Many a true word is spoken in jest.
Speech is silver but silence is golden.

Ein deutsches Wort – mehrere englische Entsprechungen

Setzen Sie jeweils ein Wort für „unter" ein.

a) The people living __________ me have got used to me jumping up and down during my workouts.
b) __________ other things he wrote a book about the effects of globalization.
c) I think we're __________ friends here.
d) He's at his best when he's __________ pressure.
e) Temperatures were __________ zero most of the time.
f) She suffered __________ insomnia all her life.

Setzen Sie jeweils ein Wort für „Stelle" ein.

g) I'm looking for a __________ to park my car.
h) It's a good __________ for a picnic.
i) This is the __________ where they met their death.
j) Let me go in your __________.
k) I wouldn't like to be in your __________.
l) That's a weak __________ in the system.
m) She quoted a __________ from the Bible.

Setzen Sie jeweils ein Wort für „Null" / „null" ein.

n) Four minus four is __________.
o) 3.06 is read as __________.
p) There are three __________ in 1,000.
q) There is no year __________ in the Christian calendar.
r) The year 1905 is read as __________.
s) The car accelerates from __________ to 60 mph in 4 seconds.
t) The temperature was ten degrees below __________.
u) Leeds United won three–__________.
v) My room number is seven __________ three.

get used [juːst] to something	sich an etwas gewöhnen
workout(s) ['wɜːkaʊt(s)]	Fitnesstraining
the effects [ɪ'fekts] of globalization	die Auswirkungen der Globalisierung
pressure ['preʃə]	Druck
insomnia [ɪn'sɒmniə]	Schlaflosigkeit
look for something	etwas suchen
meet (– met – met) one's death	den Tod finden; zu Tode kommen
quote [kwəʊt]	zitieren
accelerate [ək'seləreɪt]	beschleunigen
60 mph [em piː 'eɪtʃ] (= miles per hour)	(= 97 km/h)

Idioms mit *know*: *Knowing which side your bread is buttered*

Wie lassen sich die folgenden Sätze auf Deutsch ausdrücken?

a) He knows the town like the back of his hand.
b) He knows his stuff / his onions.
c) She knows which side her bread is buttered.
d) She doesn't know the first thing about computers.
e) I know the irregular verbs back to front.
f) He thinks he knows all the answers.
g) The shopkeeper didn't know me from Adam but he treated me as if I was his best customer.
h) He doesn't know his arse from his elbow.
i) She knows the ropes of the music business.
j) If a kid doesn't know right from wrong, their parents are doing something wrong.
k) The first time I fell in love I didn't know what hit me.
l) He knows better than to call us after 10pm – unless something is wrong.
m) You know full well that I'm right.
n) She doesn't know her own mind.
o) Our teacher knows what he's talking about, and makes the class fun and interesting.
p) Of course he's making mistakes, but he's young and doesn't know any better.
q) I had so much to do yesterday that I didn't know whether I was coming or going.
r) There's no knowing how long it'll take.
s) What's great about this job is that you never know what's going to happen next.

stuff [stʌf]	Zeug
onion ['ʌnjən]	Zwiebel
irregular verbs [ɪ'regjələ 'vɜːbz]	unregelmäßige Verben
shopkeeper ['ʃɒpkiːpə]	Ladenbesitzer
treated ['triːtɪd] me as if I ...	behandelte mich, als ob ich ...
his best customer ['kʌstəmə]	sein bester Kunde / seine beste Kundin
arse [ɑːs] – elbow ['elbəʊ]	Arsch – Ell(en)bogen
rope [rəʊp]	Seil; Tau; Strick
fall in love [lʌv]	sich verlieben
hit (– hit – hit)	schlagen; treffen
call [kɔːl] someone	jemand anrufen
10pm ['ten piː 'em]	22 Uhr
unless [ən'les]	es sei denn, dass; wenn nicht
mind [maɪnd]	Gedanken; Verstand; Geist

Proverb Crossword

Setzen Sie jeweils das letzte Wort des Sprichworts in das *Crossword* ein.

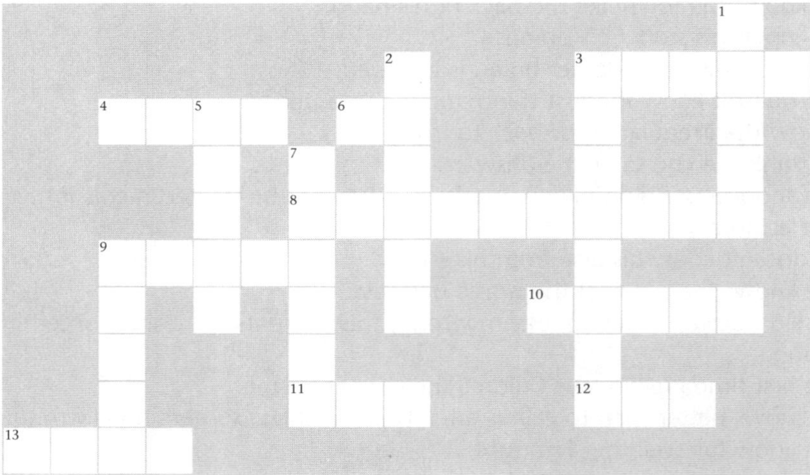

ACROSS

3 New brooms sweep ________.
4 Pride comes before the ________.
6 Quickly come, quickly ________.
8 Good fences make good ________.
9 It's a small ________.
10 The end justifies the ________.
11 Rome was not built in a ________.
12 Once bitten, twice ________.
13 To the pure all things are ________.

DOWN

1 Dead men tell no ________.
2 Honesty is the best ________.
3 Beggars can't be ________.
5 It is never too late to ________.
7 A friend in need is a friend ________.
9 Blood is thicker than ________.

„Erst": Oft anders zu übersetzen, als man denkt

Bei „erst(e)" denken wir immer zuerst an *first* als englische Entsprechung. Leider stimmt diese Vokabelgleichung häufig nicht. Beachten Sie in den folgenden Sätzen vor allem die Fälle, wo nicht *first*, sondern ***only*** oder ***not until*** die einzig sinnvollen Übersetzungen sind.

Übersetzen Sie.

a) Das erste Jahr war das schwierigste.
b) Papa ist immer der Erste, der morgens aufsteht.
c) Mach erst mal deine Hausaufgaben fertig.
d) Erst mal machen wir eine Pause.
e) Ich glaube, wir sollten erst den Chef fragen.
f) Wir werden das morgen gleich als Erstes erledigen.
g) Es ist erst halb sieben.
h) Sie ist erst gestern hier gewesen.
i) Erst gestern hat es wieder einen Zwischenfall gegeben.
j) Er war erst sechzehn, als ich ihn kennenlernte.
k) Erst da wurde ihm klar, was eigentlich passiert war.
l) Sie ist eben erst angekommen.
m) Das Hotel ist erst vor kurzem renoviert worden.
n) Wir bekommen die Ergebnisse erst Anfang nächster Woche.
o) Wir werden erst Freitag Genaueres wissen.
p) Meinen ersten wirklichen Kuss bekam ich erst, als ich 17 war.
q) Wenn wir das erst mal geschafft haben, können wir uns den anderen Problemen zuwenden.

the most difficult / the hardest / the toughest ['tʌfɪst] year	das schwierigste Jahr
get up in the morning (– got – got)	morgens aufstehen
homework ['həʊmwɜːk]	Hausaufgaben (→ S. 32)
have a break [breɪk]	Pause machen
incident ['ɪnsɪdənt]	Zwischenfall
first meet (– met – met) someone	jemand kennenlernen
he realized ['rɪəlaɪzd]	ihm wurde klar
what had actually happened	was eigentlich passiert war
renovate / refurbish a building	ein Gebäude renovieren
something / anything more definite ['defɪnət]	etwas Genaueres
achieve [ə'tʃiːv] / do something (→ S. 116)	etwas schaffen
address [ə'dres] other issues ['ɪʃuːz] (→ S. 31)	sich anderen Problemen zuwenden

A good run is better than a bad stand

Das Nomen *run* (= „Lauf“) wird in zahlreichen idiomatischen Fügungen benutzt, für die Sie hier einige typische Beispiele finden.

Versuchen Sie die Sätze zu verstehen bzw. zu übersetzen.
Im Zweifel schauen Sie bitte im Schlüssel (→ S. 155) nach.

a) OK they won, but we **gave them a good run for their money**.
b) The suspect is still **on the run**.
c) My family sure **keeps** me **on the run**.
d) We have enough troops to **keep** the insurgents **on the run**.
e) Canberra's **run of** hot weather is starting to take its toll on the surrounding landscape.
f) Well, my **run of** good luck had to end some time.
g) The company has had a long **run of** success.
h) Artists are different from **the common run** of people.
i) While we're away you can have **the run of** the house.
j) He jumped the next train, but was quickly spotted and **made a run for it**.
k) This system costs more to begin with but is cheaper **in the long run**.
l) The show has had an extremely long **run**.

win [ɪ] – won [ʌ] – won [ʌ]	gewinnen – gewann – gewonnen
the suspect ['sʌspekt]	der mutmaßliche Täter
troops [tru:ps]	Truppen
the insurgents [ɪn'sɜ:dʒənts]	die Aufständischen
it takes its toll [təʊl]	es fordert seinen Tribut
surround [sə'raʊnd]	umgeben
the surrounding landscape ['lændskeɪp]	die landschaftliche Umgebung
good luck – bad luck	Glück – Pech
company ['kʌmpəni]	Gesellschaft; Firma
success [sək'ses]	Erfolg
artist ['ɑ:tɪst]	Künstler(in)
different ['dɪfrənt] from	anders als
jump [dʒʌmp] a train	auf einen Zug aufspringen
spot [spɒt] someone	jemand entdecken
system ['sɪstəm]	System
cost [kɒst] ⚠	kosten
to begin with [tə bɪ'gɪn wɪð]	zunächst
cheap(er) [tʃi:p(ə)]	billig(er)

13

„In“: *Are you in the picture?*

Are you in the picture? – eine zweideutige Frage: „Bist du auf dem Bild, also zum Beispiel dem Foto?“ oder „Bist du im Bilde, d. h. informiert?“

Deutsch „in“ ist auch im Englischen häufig *in*. Wo „in“ nicht mit *in* übersetzbar ist, lauern die Fehler – wie in den folgenden Sätzen, wo „in“ meistens **nicht** *in* ist.

Übersetzen Sie (und passen Sie auf wie ein Habicht – *like a hawk!*).

a) Sind Sie schon mal in Australien gewesen?
b) Die Kinder sind in der Schule.
c) Die meisten Leute hier gehen jeden Sonntag in die Kirche.
d) Der Schulbus bringt die Kinder in die Schule.
e) Seine Mutter ging in die Schule, um mit der Lehrerin zu sprechen.
f) Leider haben wir im Moment keine Stellen frei.
g) Er hat sich in eine Frau aus dem Internet verliebt.
h) Ihre Eltern würden nie in die Heirat einwilligen.
i) Meine Eltern fahren in Urlaub in die Schweiz.
j) Wir gehen heute Abend in ein Konzert.
k) Wussten Sie, dass auch Fontane *Hamlet* ins Deutsche übersetzt hat?
l) Er warf den Brief ins Feuer.
m) Er ging in die Küche, um Tee zu machen.
n) Wir sprangen alle ins Wasser.
o) Du kannst dein Fahrrad in die Garage stellen.

Australia [ɒ'streɪliə]	Australien
I'm afraid [ə'freɪd]	leider
no vacancies ['veɪkənsiz]	keine Stellen frei
parents ['peərənts]	Eltern
consent [kən'sent] to a marriage	in eine Heirat einwilligen
go on holiday ['hɒlədeɪ]	in Urlaub fahren
Switzerland ['swɪtsələnd]	die Schweiz
concert ['kɒnsət]	Konzert
translate [træns'leɪt]	übersetzen
throw [əʊ] – threw [u:] – thrown	werfen – warf – geworfen
jump [dʒʌmp]	springen (→ S. 86)
bike [baɪk]	Fahrrad
garage ['gærɑ:ʒ]	Garage

13

Dual choice: The age of miracles is past

Welches Wort passt?

a) He has written an extremely __________, yet readable, book on English grammar.
comprehensible · comprehensive

b) His book makes grammar __________ without sending you to sleep.
comprehensible · comprehensive

c) The Great Pyramid of Giza was one of the Seven __________ of the Ancient World.
Miracles · Wonders

d) Christians believe that Jesus performed many __________.
miracles · wonders

e) Is it any __________ that I'm tired?
miracle · wonder

f) They're in big trouble and only a __________ can save them.
miracle · wonder

g) People were __________ to her for the happiness she gave them.
grateful · thankful

h) __________, no one was near the oven at the time of the explosion.
Gratefully · Thankfully

i) Candidates for membership have to __________ certain conditions.
fill · meet

j) It's very important to take __________ in class.
notes · notices

k) It's important to read the __________ about fire, first aid and other emergencies in the school building.
notes · notices

comprehensible [kɒmprɪ'hensəbl]	verständlich; fassbar
comprehensive [kɒmprɪ'hensɪv]	umfassend
the Ancient ['eɪnʃənt] World	die antike Welt
perform [pə'fɔːm] miracles	Wunder vollbringen
win the election [ɪ'lekʃn]	die Wahl gewinnen
be in big trouble ['trʌbl]	in großen Schwierigkeiten stecken
save [seɪv]	retten
near the oven ['ʌvn]	in der Nähe des (Back-)Ofens
membership ['membəʃɪp]	(die) Mitgliedschaft
certain conditions [kən'dɪʃnz]	bestimmte Bedingungen
notes [nəʊts]	Notizen
notice ['nəʊtɪs]	Anschlag; Aushang

„Gehen", „fahren": *If you want a thing done, go; if not, send*

„Gehen" und „fahren" sind extrem häufig gebrauchte Wörter; bei der Wahl ihrer Entsprechungen im Englischen werden oft Fehler gemacht. Auf „fahren" sind wir schon einmal eingegangen (→ S. 65).
Hilfreich ist vielleicht diese Beobachtung:
„Gehen" und „fahren" sind im allgemeinen Sinn = ***go***;
bei Betonung des Zufußgehens ist „gehen" = ***walk***;
bei Betonung des Tätigseins als Fahrer ist „fahren" = ***drive***.

Übersetzen Sie.

a) Gehst du zum Bahnhof?
b) Gehst du oder fährst du?
c) Da können Sie zu Fuß hingehen.
d) Wer fuhr das Fahrzeug?
e) Sie fährt Motorrad und spielt gut Fußball.
f) Das Auto fährt sich gut und lässt sich auch gut parken.
g) Er fiel hin, als er mit dem Hund ging.
h) Meistens fahre ich mit dem Bus.
i) Die Busse fahren alle 20 Minuten.
j) Wir hatten viel Schnee und die Busse fuhren nicht.
k) Wir fahren diesen Sommer an die See.
l) Fährst du immer so langsam?
m) Ein Freund fuhr ihn ins Krankenhaus.
n) Er ging vor dem Haus auf und ab.
o) Wir gehen heute schwimmen.
p) Ich gehe heute Nachmittag zu meiner Oma.
q) Sie geht noch zur Schule.
r) Unser Flugzeug geht um Viertel nach fünf.
s) Es ging alles nach Plan.
t) Also, das geht denn doch wirklich zu weit.
u) Wie geht es Ihnen?
v) Er will Jura studieren und dann in die Politik gehen.
w) Wohin geht diese Straße?
x) Mein Fenster geht nach Osten.

motorcycle ['məʊtəsaɪkl]	Motorrad
go to the seaside ['si:saɪd]	an die See fahren
my nan / gran(ny) / grandma	meine Oma
according [ə'kɔ:dɪŋ] to plan	nach Plan
study law [lɔ:] / go to law school	Jura studieren

No news is good news

Beachten Sie, dass *news* anders als im Deutschen (= „Nachrichten“) im Englischen Einzahl ist und dass „eine Nachricht“ mit *a news item* übersetzt werden kann.
Hier haben wir einige recht typische *news headlines* (= Kurznachrichten) für Sie zusammengestellt. Auf sie bezieht sich der nachstehende Text.

Füllen Sie die Lücken mit Wörtern aus der folgenden Liste in der passenden Form.

able, be, cheer, destroy, enjoy, face, fault, item, kill, kind, overcome, play, possible, problem, shoot, take, task, threaten, watch

Teenager __________ teacher
Bomb __________ 33 in market
Gunman __________ woman hostage
Global warming __________ billions
World __________ water crisis
Coastal cities __________ by hurricane

"There should __________ more good news on TV," said a prominent English clergyman yesterday. "I've given up __________ the TV news at night. Earlier in the day I might be __________ to take it, but at night it's altogether too much for me."
In the clergyman's view the news was an endless repetition of violence, aggression, disasters, and social __________.
He added, "I wish there __________ always at least one __________ in the news to __________ people up, such as children __________ happily together, people __________ the beauties of nature, or someone __________ adversity."
A television news editor said he didn't understand this __________ of criticism. "Our __________ is to select and summarize the news as fairly as __________, and it isn't our __________ if so much of the news these days is gloomy."

cheer up [tʃɪər 'ʌp]	aufheitern
destroy [dɪ'strɔɪ]	zerstören
face a crisis ['kraɪsɪs]	mit einer Krise rechnen müssen
it isn't my fault [fɔ:lt]	es ist nicht meine Schuld
overcome adversity [əd'vɜ:səti]	mit Widrigkeiten fertig werden
select [sɪ'lekt] and summarize ['sʌməraɪz]	auswählen und zusammenfassen

Präpositionen: *Surprises never cease*

„Überraschungen hören nie auf" – *cease* [si:s] ist eine förmlichere Ausdrucksweise für *stop, end, come to an end.*
In den folgenden Sätzen fehlen die Präpositionen, und es sind eigentlich alles Fälle, wo man vom Deutschen her versucht ist, eine falsche Präposition zu wählen.

Setzen Sie passende Präpositionen aus der folgenden Liste ein (nur wo es geboten ist – in einem Fall ist im Gegensatz zum Deutschen keine Präposition angebracht!).

at, by, for, of, to, without

a) She was driving __________ a steady 80kph in the fast lane, oblivious to the huge queue behind.
b) I went __________ train this time.
c) She was the first of seventeen children, most of whom died __________ an early age.
d) Were you __________ the concert too?
e) She's a professor __________ English __________ Duke University.
f) I went over to a girl who was sitting __________ herself and asked her if she would like to dance.
g) My roommate's going home __________ Easter, so I'll have the room all __________ myself __________ the weekend.
h) His body was never found, and he was declared __________ dead in 1999.
i) We discussed the proposals point __________ point and suggested a number of changes.
j) It was typical __________ her that she left the door of her office open __________ all times so that students could walk in __________ much ceremony.
k) We know that a woman soldier was killed __________ the Battle __________ Gettysburg in 1863.

kph (= kilometres per hour)	km/h (= Stundenkilometer)
be oblivious [ə'blɪviəs] to something	etwas gar nicht bemerken
a huge queue ['hju:dʒ 'kju:]	eine riesige (Auto-)Schlange
roommate ['ru:mmeɪt]	Zimmergenosse, -genossin
declare [dɪ'kleə] someone dead	jemand für tot erklären
discuss proposals [dɪ'skʌs prə'pəʊzlz]	Vorschläge diskutieren
without much ceremony ['serəməni]	ohne große Umstände

Let me see that tattoo on your backside

Mit den leidigen *false friends* haben wir uns bereits ausführlicher beschäftigt (→ S. 56, 69, 98). Hier nun diesmal eine listige kleine Übung, in der sich englische mit deutschen Sätzen abwechseln. In beiden Sprachen begegnen Sie dem falschen Freund.

Übersetzen Sie ins Deutsche bzw. Englische, damit Sie gegen die Fehlerversuchung immun werden.

a) He has a tattoo on his **backside**.
b) Er hat eine Tätowierung auf der **Rückseite** des Halses.
c) Don't **blame** me!
d) **Blamiere** mich nicht vor anderen!
e) He's a **brave** boy.
f) Er ist ein **braver** Junge.
g) He will **eventually** come back.
h) Er wird **eventuell** zurückkommen.
i) This remark **irritated** me.
j) Lange Sätze **irritieren** den Leser.
k) She asked me the **meaning** of the word.
l) Sie fragte mich nach meiner **Meinung**.
m) It's a **personal** matter.
n) Es ist eine **Personal**angelegenheit.
o) Das **Personal** war sehr hilfsbereit und freundlich.
p) They **spend** too much money on restaurant food.
q) Sie **spendierten** mir eine Pizza.
r) Sie **spendeten** das Geld an eine wohltätige Einrichtung.

tattoo [tæ'tu:]	Tätowierung
the back [æ] of the neck [e]	die Rückseite des Halses
blame [bleɪm] someone	jemand die Schuld geben
make a fool [fu:l] of someone	jemand blamieren
brave [breɪv] ⚠	tapfer
eventually [ɪ'ventʃuəli]	schließlich
remark [rɪ'mɑ:k]	Bemerkung
irritate ['ɪrɪteɪt]	ärgern
confuse [kən'fju:z]	irritieren
staff [stɑ:f] / personnel [pɜ:sə'nel]	Personal
helpful and friendly ['frendli]	hilfsbereit und freundlich
treat [tri:t] someone to something	jemand etwas spendieren
donate [dəʊ'neɪt] money (to)	Geld spenden (an)
charity ['tʃærəti]	wohltätige Einrichtung

Make your choice: How good is your grammar?

Jetzt geht es mal nicht um Wortschatz, sondern um Grammatik.
Hier sind 15 Sätze, die es in sich haben. Bis 12 Richtige können Sie Ihre Englischkenntnisse als „sehr gut“ ansehen; haben Sie weniger als 6 richtig, sollten Sie vielleicht etwas an Ihrer Grammatik tun.
Good luck, and enjoy yourself!

a) __________ shown lots of photos but didn't recognize anyone in them.
I was · Me were

b) It __________ people like her that give our industry a bad name.
are · is

c) If you are arrested, the police __________ the right to take your fingerprints and photographs.
has · have

d) He's written an interesting book about the everyday life of British soldiers in the 18th and 19th __________.
centuries · century

e) I __________ a few days ago and haven't received any confirmation yet.
booked · have booked

f) I __________ him for a long time and have a lot of confidence in him.
have known · know

g) When Haydn wrote his last symphony, Mozart __________ dead for four years.
had been · was

h) Oh Amanda, I've loved you ever __________ I first saw you.
for · since

i) Oh Michelle, I've loved you __________ as long as I can remember.
for · since

j) He's such an interesting man; I really enjoyed __________ with him.
talking · to talk

k) There are mistakes you can hardly avoid __________ because of your upbringing, your character, and your mentality.
doing · making · to do · to make

l) Her teacher suggested __________ some research online.
her to do · that she do

m) It was a nice hotel and I wouldn't mind __________ there again.
staying · to stay

n) By the way, did I remind you __________ Grandma on her birthday?
of calling · to call

o) Our committee discussed __________ the matter long and hard.
about · –

Superpower Crossword: The United States of America

Die *clues* zu diesem *Crossword* bilden einen zusammenhängenden Text. Sie stehen allerdings nicht in der logischen Reihenfolge. Stellen Sie diese zunächst her, dann ist das *Crossword* leichter zu lösen. *Goodbye and all the best!* Besuchen Sie unsere Website www.englishmaster.de. Von dort aus können Sie uns per E-Mail Ihre Kommentare und Fragen übermitteln.

ACROSS

3 It lies between the Atlantic and Pacific __________.

6 The United States has a __________ of over 300 million.

11 Each of the 50 states has its __________ government and legislative system.

12 The US is the world's most __________ industrial nation.

13 13 colonies under British rule __________ their independence in 1776.

14 It's one of the richest countries __________.

DOWN

1 It's the world's __________ military superpower.

2 The country was colonized mainly in the 17th __________.

4 The __________ is Washington.

5 It __________ 50 states.

7 In the Civil War (1861–65) the northern states __________ the southern states.

8 The national government __________ of the President and the Congress.

9 It shares __________ with Canada and Mexico.

10 The United States is a __________ in North America.

Schlüssel

Seite 9
a) When. b) when. c) as / when. d) as. e) as. f) than. g) than. h) than. i) than. j) from / to / than. k) as. l) but. m) as.

Seite 10
a) Everyone / Everybody loves him.
b) We all love him
c) I don't know them all / all of them.
d) I don't know any of them.
e) There isn't enough for everyone / everybody.
f) This book is for anyone / anybody / everyone / everybody who wants to improve their English.
g) She's an example to/for us all / for/to all of us.
h) As we all know, the customer is always right.
i) All children are entitled to education / have the right to an education.
j) All the children in the village were vaccinated.
k) She knows all the students, and all the students know her.
l) All citizens are equal before the law.
m) She spelled / spelt all the words right.
n) All roads lead to Rome.
o) All cats are grey in the dark / by night / at night.
p) He comes every two weeks.
q) He comes every six months.

Seite 11
a) Have you forgotten everything?
b) I told her all / everything I knew.
c) Money isn't everything.
d) There's a time for everything.
e) Everything / All she says is true.
f) I've told you all / everything I know.
g) That's all I know.
h) Is that all the luggage you have? / Is that all you have in the way of luggage?
i) You can buy or sell anything on eBay.
j) I'd do anything for you.
k) These people are capable of anything.
l) I love you more than anything in the world.
m) He's anything but a hero.
n) All in all, I'm very pleased with the quality of this printer.
o) All that glitters is not gold.

Seite 12
a–k. b–e. c–j. d–b. e–a. f–c. g–f. h–d. i–h. j–i. k–g.

Seite 13
a) convicted. b) convinced. c) took. d) catch. e) caught. f) took. g) talked / spoke. h) adopt. i) affect. j) effect.

Seite 14
a) Where did you get it / that?
b) I got / had a letter from her the other day.
c) What did you get for your birthday?
d) Work is hard / difficult to get here.
e) I can't get him to eat something / anything in the morning.
f) We had to get him out of the water.
g) She's going to have a baby.
h) You'll catch (a) cold sitting there.
i) I owe you 50 euros.
j) I'm getting hungry. / I'm beginning to get hungry.
k) The children got / became scared / frightened and ran away.
l) Eventually they got / became homesick and returned to Ireland.
m) Milk doesn't agree with me.

Seite 15
a) visits. b) like. c) happened to find. d) obtain. e) reduce. f) is about. g) returned. h) rising. i) discovered. j) invented. k) bullied. l) extinguished. m) tolerated. n) overcharging. o) addressed.

Seite 16
a) roads. b) road. c) street. d) street. e) road. f) street. g) streets. h) street. i) road. j) road.

Seite 17
a) by. b) from. c) on. d) on. e) for / with. f) for. g) at. h) from. i) by. j) at. k) by. l) with. m) on. n) in. o) on. p) on.

Seite 18

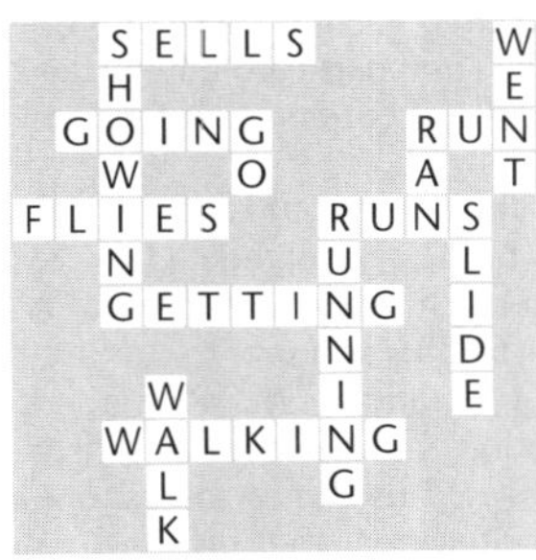

Seite 19
a) It was my own fault.
b) He's a victim of his own success.

c) I prefer to sleep / I prefer sleeping in my own bed.
d) Mind your own business.
e) We saw with our own eyes what was happening (there).
f) They paid for everything out of their own pocket.
g) This is my own computer.
h) I have a computer of my own.
i) She has her own talents.
j) She has talents of her own.
k) She lived in her own flat / apartment up to / until / till the age of 105.
l) She had saved enough money to move into a flat / an apartment of her own.
m) Our cat is very particular / fussy about her/his food.

Seite 20

a) a light bag. b) an easy task. c) light reading. d) a slight delay. e) a slight headache. f) light rain. g) easy to understand. h) easily done. i) easier said than done. j) slightly injured. k) scantily clad / dressed. l) a heavy bag. m) a difficult / hard task. n) difficult / hard times. o) a serious illness. p) a serious / grave mistake. q) a serious / severe / heavy blow. r) hard / difficult to say. s) work hard. t) heavily armed. u) seriously injured.

Seite 21

a) have / take. b) make. c) take out. d) took. e) give. f) play. g) makes. h) keep. i) running. j) had. k) suffers.

Seite 22

Dustmen remove / take bride's presents
Bride Emily Bell was shattered when her wedding presents were taken away – by dustmen.
Emily, 23, and her husband, Oliver, had stored the gifts in their yard while they renovated their new home. They had carefully packed about £2,000 worth of cutlery, crockery and glasses in cartons.
But when they went out to bring them back in, the boxes had disappeared.
Heartbroken, Emily said last night: "A neighbour told us she saw the refuse collectors removing / loading them. We made a claim for compensation, but the council's insurers more or less informed us the cartons shouldn't have been deposited near the dustbin."

Seite 23

a) Her / Their son became a famous musician.
b) What are you going to be when you grow up?
c) He became / got very angry.
d) I could see that he was getting / becoming / growing angry.
e) We('d) better be going / We('d) better go. / We'd better be off. It's getting late.
f) The economic situation has become very difficult.
g) Your tea is getting cold.
h) Things are getting / growing / becoming worse by the day.
i) I'm (slowly) getting tired.
j) Have you gone mad / crazy?
k) She'll be 80 next year.
l) She('s) just turned 20.
m) I'm not going to get / fall / become ill.
n) All the systems are checked twice a year.
o) The man is (currently) being questioned by (the) police.
p) The book was translated into several languages.
q) He has been sentenced to five months in prison.

Seite 24–25

1–2. 2–7. 3–9. 4–6. 5–11. 6–12. 7–17. 8–8. 9–10. 10–4. 11–5. 12–15. 13–16. 14–13. 15–3. 16–14. 17–1.

Seite 26

a) You have / You've got 60 minutes to answer the questions.
b) Things have developed in a completely unexpected way.
c) What was decided?
d) That doesn't explain his behaviour.
e) I think that this is a misunderstanding.
f) We have found that many customers welcome / appreciate this kind of service.
g) These chemicals are often used to build bombs.
h) The authorities are working to solve this problem.
i) These buildings cannot be used to house prisoners.
j) We immediately contacted the bank / got in touch with the bank.
k) It is often difficult to communicate with these patients.
l) He said how important it was to negotiate.

Seite 27

a) sole. b) alone. c) single. d) lonely. e) heavy. f) difficult. g) serious. h) sensible. i) sensitive.

Seite 28

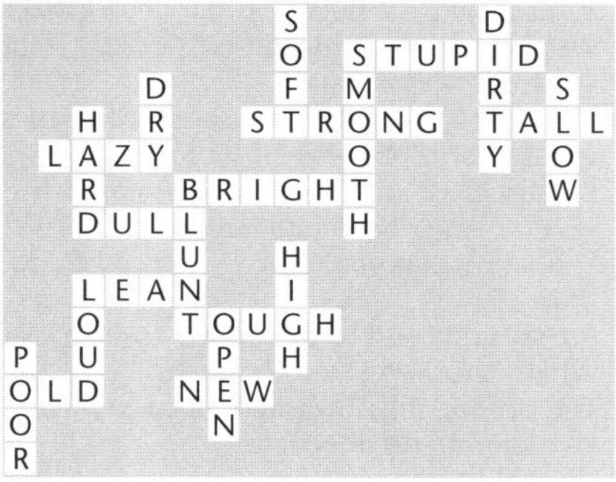

Seite 29

a) Eric was her only child.
b) Eric was an only child.
c) Eric has always been a loner.
d) Money isn't our only worry.
e) It's the only thing we can do.
f) We're not the only ones who / to think so / that.
g) There was not a single piece missing.
h) I remember every single word.
i) The children came in one by one / singly.
j) The individual is powerless.
k) I'd like to talk to/with each member individually.
l) Parts / Components of the package cannot be sold separately.
m) He spent more than 11 years in solitary confinement.
n) Unfortunately, this is not an isolated case.
o) We look at each individual case.
p) We look at each case individually.

Seite 30

a) certain. b) sure. c) sure. d) certain. e) certain / sure. f) Surely. g) certainly. h) safe / secure. i) safe. j) safe. k) safely. l) secure. m) secure(ly) / safe(ly). n) secure; secure / safe.

Seite 31

a) address an issue / a problem. b) address the issue / problem of domestic violence. c) make an issue of corruption / make corruption an issue. d) solve / resolve a problem, resolve / solve an issue. e) a solution to / of the problem / to the issue. f) money isn't an issue, money is no problem. g) a controversial issue. h) a big / major / great problem / issue. i. a burning issue / problem. j. a crucial issue / question / problem. k) an unresolved issue / problem / question. l) a global problem / issue. m) environmental issues / problems.

Seite 32

a) The furniture is nice.
b) The evening news was depressing.
c) This information is very valuable.
d) The progress we have made is most encouraging.
e) Much of / A lot of his advice is good.
f) Some of the homework was rather difficult.
g) My knowledge of French has improved.
h) The United States is a country of contrasts.
i) The stairs are rather steep.
j) These are my best glasses.
k) These trousers are a bit tight.
l) The surroundings are beautiful.
m) The contents of this box are worth a fortune.
n) The police are on the right track.
o) The American people are very religious.

Seite 33

a) real. b) really. c) obviously. d) obvious. e) obviously; slowly / slow. f) frequent. g) frequently. h) seriously; serious. i) Unfortunately. j) Unfortunately; extremely. k) normally. l) normal. m) extremely dangerous. n) dangerously extreme. o) quickly / (*sehr viel seltener:*) quick. p) quickly. q) Quick.

Seite 34

a) Can you play chess?
b) We can play a game of chess(, if you like). / We might as well play a game of chess.
c) I (can) speak English.
d) I can't help you.
e) We won't be able to help these people.
f) There wasn't much the president could do. (*Durch das* wasn't *ist klar, dass* could *hier past ist.*)
g) I was able to repair the damage myself.
h) Mozart could play / was able to play the piano at the age of four.
i) It must be wonderful to be able to play the piano.
j) That may be the right method.
k) That can't be the right method.
l) There may be a civil war.
m) There could / might be difficulties.
n) Can I help you?
o) Can / May I have another copy?

Seite 35

a) holding. b) hold. c) hold / last. d) keep. e) keep. f) keeps. g) keep. h) gave / made. i) stopped. j) saved. k) lasts. l) lasts. m) consider. n) take. o) stick / keep.

Seite 36

a) He spoke / talked quietly.
b) The guy at the next table was talking loudly about a video game he was playing.
c) He spoke in a low / quiet voice.
d) Could you speak a bit more quietly / quieter, please? / Could you please lower your voice a bit?
e) Could you speak up a bit, please. / Could you speak a bit louder / more loudly, please?
f) I hear you loud and clear.
g) She complained loudly that everything was so expensive / about how expensive everything was.
h) I think she should sing this a bit more softly / quietly.
i) There was soft music coming from the house next door.
j) The music is too loud.
k) We heard the gentle murmur of a brook.
l) The hotel is in / on a very noisy street.
m) What I hate most is noisy neighbours.
n) Can't you turn the radio down / up a bit?
o) There was a faint smell of perfume in the air.
p) I didn't have the slightest / faintest idea.
q) Could you read the poem out loud / aloud to us, please?
r) "This place is just a rip-off. / They just rip you off here." – "You can say that again!"

Seite 37

a) humane. b) humanly. c) humanitarian.
d) human. e) humanely. f) industrial.
g) industrially. h) industrious. i) industriously.

Seite 38

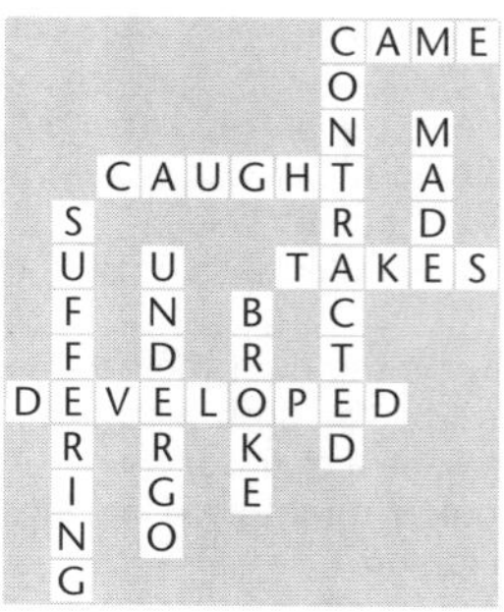

Seite 39

a) Shall we take a taxi? / (*Wenn nach dem Willen des andern gefragt wird:*) Do you want us to take a taxi?
b) Shall I feed / Do you want me to feed the dog?
c) What shall I do – give her a piece of my mind or just ignore her?
d) You mustn't think that I don't love you.
e) You mustn't / shouldn't spoil me so (much).
f) We're (supposed) to wait outside the station / in front of the station.
g) Are we (supposed) to translate all (of) these sentences? (Shall we ... *hier unwahrscheinlich, da es sich um einen „übergeordneten Willen", eine Anordnung handelt.*)
h) You know that you're not supposed to do that.
i) Is that supposed to be funny / to be a joke?
j) What's that supposed to mean?
k) The president is supposed / said to have known nothing about it.
l) He's said to be very rich.
m) He's said to have been rich once.
n) You should learn Chinese – that's where the future is / lies.
o) You ought to / should be grateful to these people.
p) I should have taken notes.
q) I wish I'd known that before / earlier.
r) They told me / I was told to come again in a week's time / a week later.
s) (*Biblisch:*) Thou shalt not steal. / You shall not steal.

Seite 40

a) The food was nothing to write home about.
b) I know it's not cricket to attack an opponent from behind.
c) He's as thick as two short planks.
d) She can act and she's easy on the eye.
e) The driver was clearly under the influence.
f) Well, you've really made a hash of it, haven't you?
g) What's happened is unacceptable, and the culprits must be brought to book.
h) Does she know he's carrying a torch for her?
i) Gee, what's happened? You look like something the cat brought in.
j) The old men just sat there chewing the fat.

Seite 41

a) Do you really want to go home?
b) Do you really want me to go home?
c) She wanted to tell the truth.
d) She wanted me to tell the truth.
e) She wanted to be told the truth.
f) She wanted the truth to be told.
g) I don't want to make coffee.
h) I don't want you to make / you making coffee.
i) I don't want you to watch / don't want you watching this film / movie.
j) Don't you think your hair wants cutting? / (*Häufiger:*) Don't you think you need a haircut?

k) I don't want you to cut / you cutting my hair.
l) I want my hair cut short.
m) My mother wants my hair (to be) cut really short.
n) I don't want you to be disappointed.
o) I don't want you to disappoint me.
p) I know you don't want me to make / me making jokes about it.
q) She could have stayed if she had wanted to.
r) I asked her to stay, but she didn't want to.

Seite 43
a) raise. b) rise. c) economic. d) historic. e) historical. f) literate. g) literal. h) literally. i) literary.

Seite 44
a) on. b) by; at. c) by. d) in. e) on / in. f) of / from. g) from / of. h) of. i) on. j) by. k) at / by. l) on. m) at. n) in the way of. o) on / in; at; by. p) in. q) in. r) in. s) on. t) to. u) until / till. v) for. w) up.

Seite 45
a) Can she do that?
b) I can't go on.
c) I don't / can't speak French.
d) I have to go / must go / be going / be off (now).
e) I need to go to the toilet / loo *BE* / *AE* bathroom.
f) You're not supposed to do that.
g) What's that supposed to mean?
h) When can we go in the water?
i) "Is he allowed to do that?" – "He is."
j) We don't want to go home yet.
k) I want to go to the station.
l) We want to get / go in there.

m) She wants to be an architect.
n) She wants to learn Chinese.
o) She wants me to learn Chinese.
p) She insists on paying the bill.
q) The car wouldn't start / refused to start.
r) She claims to have seen him take / taking the money.
s) The president claims to have known nothing about it.
t) I'd prefer to stay / I'd rather stay at home.
u) We were (just) about to leave / were on the point of leaving.
v) Won't you sit down?
w) Shall we go to my place?

Seite 46
a) completed / finished / written / read. b) written / completed. c) produced / written. d) played. e) produced / directed. f) rendered. g) getting on / along. h) took. i) suffice / be enough. j) decorated / painted. k) cheated / tricked / ripped off. l) cheated / swindled. m) abolished. n) abandoned / discarded / given up. o) serve as. p) manage / get along. q) ruined / finished / broke / out of business. r) wore me out / exhausted me. s) renovating.

Seite 47
Two men hurt in car crash
Two men were treated at St. Francis Medical Center Monday for injuries they suffered in a collision at the junction of Illinois Route 89 and Rutland Road in Marshall County. Both were released after treatment.
Terry Hufford, 35, of Toluca, was driving north on Route 89 when his car was hit by a camper driven by Byron Jenkins, 73, of Texas. Jenkins, who was headed south, realized too late that a car in front of him had stopped to make a left turn. Jenkins lost control when he braked and swerved into the northbound lane, state police said.
Hufford was ticketed for not wearing his seat belt. Jenkins was ticketed for failure to reduce speed and using the wrong lane, state police said.

Seite 48

				S		K	E	P	T	
				H					I	
		C	L	O	C	K	W	O	R	K
	T			T			A		E	
C	R	Y					T		D	
	E				B	U	C	K		
	E			L			H			
	S	T	R	A	N	G	E			
				R			D			
				G						
			L	E	G					

Seite 49
a) at / in. b) –. c) in. d) of / from. e) –. f) die of natural causes than in / die from natural causes than from / in. g) by. h) by. i) –. j) (over). k) with. l) off. m) on. n) by. o) by.

Seite 50
a) Ich habe eine Stunde gebraucht.
b) Man hoffte, dass sich ein Kompromiss erreichen ließe.
c) Wie sich erwies, war das Material nicht wasserdicht.
d) So eine Frechheit!
e) Wer ist da? – Frank.
f) Wir waren es nicht, die andern waren es.

g) Leiden werden darunter die Armen.
h) Um deinetwillen bin ich zurückgekommen.
i) Warum muss ausgerechnet ich immer die Drecksarbeit machen?
j) Wenn du nicht gewesen wärest, wäre ich gestorben.
k) Das Auto ist im Eimer.
l) Unsere Ehe ist kaputt.
m) Wenn ich nicht zahle, bin ich geliefert.
n) Gib ihm Saures! / Gib's ihm!
o) Es geht das Gerücht, dass die beiden Banken fusionieren werden.
p) Ich meine, wir sollten uns darüber aussprechen.
q) Ich gehe davon aus, dass Sie heute fertig werden.
r) Die Alte ist immer noch schwer auf Zack.
s) Er denkt, er ist der Größte.

Seite 51

a) The people are starving – they need help.
b) There are many / lots of people who can't help themselves.
c) There's someone at the door.
d) Once upon a time there was a king / There was once a king who had a beautiful daughter.
e) Long live the Queen!
f) You like it here, don't you?
g) I'm sorry I can't help you.
h) I'm glad to see you're so well.
i) This castle is haunted.
j) I mean well by you.
k) "Will he recover?" – "I hope so."
l) "Does she still live there? / Is she still living there?" – "I don't know."

Seite 52

Can I get you a drink? – Maybe some water.
Can I help you? – No thanks. I'm just having a look round.
Did you have a good trip? – Yes, not too bad, thanks.
He says he loves her. – Men say a lot of things.
Hello, is that Lucy Tyler? – Yes, speaking.
Hello. May I join you? – Yes, please do.
How are you? – Fine, thanks.
I'm afraid I can't come. – Oh, what a pity!
Lovely day, isn't it? – Well, let's hope it lasts.
New bike, Jack? – Thought I'd cycle to the gym. Not much point in driving there.
Sorry I'm late. – That's all right.
Take care. – I will.
Well, I must be off now. – Cheerio, then. Have a good trip.
What are you doing tonight? – Nothing much.
What does she do? – She's an architect.
What time do you finish work? – I should be through by five.
What took you so long? – Had to go to the loo.
Why don't you have a car? – Can't afford one.
You own this house, do you? – No, it's rented.

Seite 53

a) insured. b) ensured. c) found. d) founded.
e) stole. f) robbed. g) robbed. h) stole.
i) stay. j) remains. k) remains. l) stay.

Seite 54

a) Where's the nearest internet café?
b) I'm getting off at the next stop.
c) Who will be the next president of the United States?
d) The nearest star is 4.2 light years away.
e) Next please!
f) In Australia, your nearest neighbour may be 50 miles away.
g) Energy costs will rise / are going to rise enormously in the next few years.
h) A lot has happened in the last few weeks.
i) During the last few months, Venus has been steadily increasing its distance from / to the Sun.
j) We just made the / just managed to catch the last bus.
k) They fought to the last man.
l) She gave him the last of her money.
m) We were the last (ones) to arrive.
n) The captain was the last (person / man) to leave the ship / vessel.
o) The latest news isn't very encouraging.
p) He has improved a lot recently.

Seite 55

ache – cake, air – heir, aren't – aunt, berry – bury, blood – mud, Britain – written, bury – berry, busy – dizzy, cake – ache, choose – lose, climber – timer, comb – home, cough – off, dizzy – busy, done – run, doubt – out, fez – says, food – mood, foot – put, front – hunt, fun – run, gone – on, got – yacht, heart – start, height – right, heir – air, hen – men, home – comb, hunt – front, juice – loose, limb – slim, loose – juice, lord – sword, lose – choose, meant – rent, men – hen, mood – food, mud – blood, off – cough, on – gone, out – doubt, put – foot, red – said, rent – meant, right – height, run – done, said – red, says – fez, sicker – vicar, slim – limb, start – heart, sword – lord, timer – climber, vicar – sicker, written – Britain, yacht – got.

Seite 56

a) in the current / present situation

b) the current / latest fashion
c) a subject of topical interest
d) use a data projector / digital projector
e) have a baby
f) I don't want to make a fool of myself
g) be a good boy / girl!
h) the boss of Airbus
i) the shops in the city centre
j) a crafty businessman
k) Cologne Cathedral
l) a committed / dedicated environmentalist
m) politically active citizens
n) a possible successor
o) a chocolate factory
p) a great guy
q) a vivid imagination
r) a famous photographer
s) a brilliant move
t) chocolate is poison for dogs
u) where's my mobile (phone) *BE* / *AE* my cell phone?
v) it wouldn't be humane
w) the sign confuses drivers / motorists
x) a consistent approach
y) act consistently
z) inspect tickets
aa) multinational corporations
bb) take criticism seriously
cc) it's interesting to read / it's an interesting read

Seite 57

a–g. b–b. c–a. d–f. e–i. f–k. g–j. h–h. i–c. j–d. k–l. l–e.

Seite 58

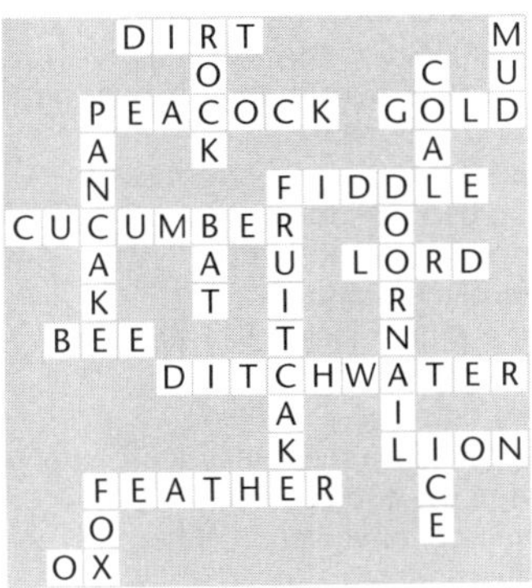

Seite 59

a) to. b) in. c) in. d) with. e) at. f) with; on. g) of. h) from. i) by. j) with. k) on; for. l) for. m) by. n) with. o) of; of. p) to. q) in.

Seite 60

a) Our parents love us unconditionally.
b) The Bible tells us to love others as we love ourselves.
c) We love each other / one another, but we fight / quarrel / argue a lot too.
d) Let us / Let's not kid / delude ourselves.
e) A (woman) friend of ours is a doctor.
f) By harming others we harm ourselves.
g) We'll buy / We're going to buy (ourselves) an island in the South Pacific.
h) We are afraid of ourselves.
i) We were both cold.
j) We have all changed.
k) We meet every two weeks.
l) We should apologize / ought to apologize to her.
m) We cannot afford to spend too little on education.

Seite 61

a) May/Can we use / Are we allowed to use a dictionary?
b) Yes, you may / can use / you're allowed to use a dictionary.
c) Will we be allowed to use a dictionary?
d) Unfortunately we weren't allowed to use a dictionary.
e) I don't know if I would have been allowed to visit him.
f) You mustn't eat so much sugar.
g) You mustn't lose hope.
h) The dog knows that he mustn't bark / isn't allowed to bark here.
i) That's something a teacher shouldn't say. / A teacher shouldn't say such a thing / something like that. / (*Mit etwas anderem Sinn:*) A teacher wouldn't be allowed to say such a thing / something like that.
j) You shouldn't have said that. / That's something you shouldn't have said.
k) These changes should be easy to make.
l) It shouldn't be too difficult to find a room.
m) That shouldn't really make a difference.

Seite 62

a) took. b) took. c) went for / took. d) suffers from. e) enjoyed / met with. f) enjoys. g) know. h) got / received. i) tolerate / put up with. j) tricked / deceived / fooled / duped / conned / taken for a ride. k) drunk / downed. l) got it copied / arranged for it to be copied. m) gave birth to. n) play. o) carrying on / conducting. p) showed no mercy to / for.

Seite 63

a) incredulous. b) incredulously. c) incredibly.

d) incredible. e) except. f) expect. g) accept.
h) excess.

Seite 64
a) Fares have been increased / raised / put up.
b) Air fares have risen / increased by 12 per cent.
c) We're unable to reduce / lower our prices.
d) We've been able to reduce / lower our costs.
e) Oil prices are falling / dropping / going down / decreasing at the moment.
f) The music heightens / increases the tension.
g) He's 85 but still climbs trees.
h) The Titanic sank / went down on April 15, 1912.
i) As / When temperatures fall, heating costs go up / rise.
j) He fell to his knees.
k) Make sure / Mind you don't drop the plates.

Seite 65
a) going. b) going. c) go. d) take / ride.
e) going / doing. f) drives / runs. g) drive.
h) drive. i) driving. j) ride. k) runs. l) go / leave.

Seite 66
a) When we arrived the show had already started.
b) We've already booked for next year.
c) Do you really have to go? / Do you have to go just yet?
d) She could read and write when she was only four.
e) Chimps used tools as early as the Stone Age.
f) Maybe things will look brighter tomorrow.
g) Are you being served / (*gehoben:*) attended to?
h) What woman would want to marry me?
i) We're an odd pair, aren't we?
j) The mere thought of it makes me feel sick.
k) How long have you known Judy?
l) Have you ever been to Australia?
m) I've seen this film before.
n) I've always been a pessimist.
o) Has she left yet? / Did she leave yet?
p) She('s) already told me.
q) She's been dead a long time.
r) I've been looking for you for half an hour.

Seite 67
a) Are you afraid of me?
b) You were / You've been lucky.
c) We were unlucky with the weather.
d) The children / kids were very hungry.
e) I'm not thirsty.
f) He's successful with women.
g) These efforts were unsuccessful.
h) You must be patient with him.
i) She's furious with him / hopping mad at him.
j) I'm / I feel frustrated and angry at / with myself.
k) We're very worried.
l) These forms are available online.
m) These measures were not effective.

Seite 68

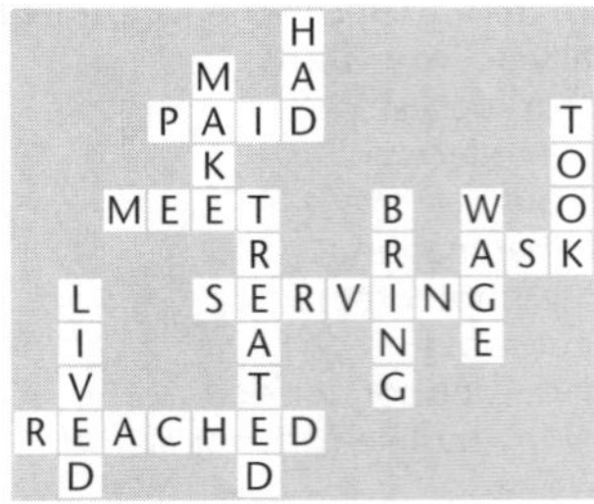

Seite 69
a) harassment in the workplace
b) catch the murderer
c) take notes
d) a novella by Hemingway
e) the second TV / television channel
f) a commission of 20 per cent
g) check someone's documents
h) test / examine a student
i) pay the last instalment
j) receive / draw / get a pension
k) available on prescription only
l) wear a short skirt
m) the back of the house
n) Finland's countless lakes
o) his self-confident manner / behaviour / bearing / demeanour
p) broadcast radio programmes
q) a sensitive person
r) a respectable gentleman
s) a reputable company
t) wear a dinner jacket *BE* / *AE* tuxedo
u) save money
v) donate money
w) an amiable / a pleasant / a likeable woman
x) change the subject
y) a topic of conversation
z) ignore a remark
aa) overlook a mistake
bb) go hiking / walking
cc) (department) stores like Harrods in London
dd) a spa (hotel)
ee) who is the best player?
ff) where are the keys?

Seite 70
a) the wisdom that comes with age
b) do something about unemployment
c) the fight / struggle against poverty
d) more money for education
e) we must fight / combat evil
f) the advantages of democracy
g) sex before marriage
h) die for freedom
i) what we can learn from history
j) the role of women / women's role in society
k) the increase in violence
l) who benefits from globalization?
m) work in industry
n) traumatic experiences in childhood
o) go to war
p) dogs in art and literature
q) subsidize agriculture
r) she loved life
s) what people say about us
t) anything / everything is possible in love
u) women in power
v) fight for freedom of speech / expression
w) go out of fashion
x) the joys of music
y) the beauties of nature
z) what happens in politics
aa) his interest in religion
bb) the dangers of technology
cc) save someone from death
dd) fight for independence
ee) promote economic growth
ff) how time flies!

Seite 71
a) calm. b) quiet. c) calmly. d) quietly.
e) hard. f) hard. g) hardly. h) rare. i) adapt.
j) abide. k) adept. l) adopt.

Seite 72
a) Ruth is a friend of hers.
b) Do you have / Have you got a photo of her?
c) She's a woman of character.
d) It was very nice of her.
e) The ring is a present from him.
f) He comes / is from the coast.
g) They moved from Montrose to Aberdeen.
h) Montrose is south of Aberdeen.
i) It's a distance of about 40 miles.
j) Here's a report from our correspondent in Moscow.
k) He calls from time to time.
l) From here on it gets easier.
m) They were both tired from working.
n) I saw him jump off the bridge.
o) He lost his balance and fell off the ladder.
p) He borrowed money from / off her.
q) I bought it with my pocket money.
r) She was deceived by him.
s) Who was the radio invented by?
t) I('ve) just read a novel by Steinbeck.
u) She has a child by him.
v) She's a psychologist by profession.

Seite 73
a) to. b) –. c) for. d) in; at. e) with. f) on.
g) in. h) for. i) for / with. j) with. k) for. l) in.
m) On. n) by. o) under. p) In; as.

Seite 74
a) Treat yourself to a night at the Ritz.
b) Please restrict yourselves to one piece of luggage per person.
c) He introduced himself.
d) She regards herself as / considers herself extremely generous.
e) Fortunately the animal managed to free itself.
f) And these people call themselves democrats.
g) One must be honest with oneself.
h) They love each other / one another and want to get married.
i) The children told each other / one another stories and teased each other / one another.
j) You should / You ought to apologize to her.
k) She behaved very well.
l) The world is changing.
m) She complained to the manager.
n) They avoided looking at each other.
o) They met in a pub near the station.
p) She worries about him.
q) She's afraid of dogs.
r) Would you please close / shut the door behind you.
s) She has a great career in front of / ahead of her.
t) She broke her right arm.
u) Several prisoners took their own lives.

Seite 75
a) a false. b) falsely / wrongly. c) a false.
d) false. e) wrong. f) incorrectly / wrongly.
g) incorrectly / wrong. h) an incorrect. i) a false. j) wrong. k) wrong. l) errors / mistakes.
m) faults. n) flaw / fault. o) error. p) an error.
q) fault. r) failure. s) fallacy.

Seite 76
a) The Statue of Liberty has stood at the entrance to New York harbour since 1886.
b) I've been standing here for half an hour.
c) The piano is in the living room.
d) On the table stands an empty wine glass. / There's an empty wine glass on the table.

e) There's nothing about it in the paper.
f) The sign says VACANCIES.
g) What's the score? – One-nil to Arsenal.
h) That dress doesn't suit you.
i) How are you doing in / at school?
j) And what about pay(ment)?
k) Put the wine glasses on the table, will you?
l) We can put this lamp in the living room.
m) May / Can I ask you a few questions?
n) How do you / does one set the clock?
o) Let's set the alarm for five thirty.

Seite 77

a) improved. b) deteriorated / worsened. c) enhanced. d) exacerbated / aggravated. e) aggravated / exacerbated.

Seite 78

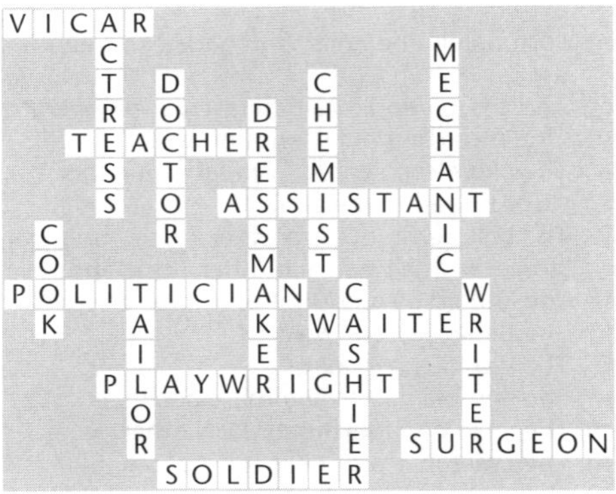

Seite 79

a) Let me go!
b) Let the children have their fun / enjoy themselves.
c) Let's take a taxi, shall we?
d) You shouldn't have let him in / into the house.
e) You should have left the dog in the house.
f) You can leave everything as it is.
g) Leave me alone / in peace!
h) She didn't dare (to) leave the sick child alone.
i) Unfortunately I'd left my mobile at home.
j) I have / get my hair cut every six weeks.
k) She had the book bound in red leather.
l) I've had three copies made.
m) You can get / have your car washed while you shop or have lunch.
n) Can't you have / get it dry-cleaned?
o) They kept me waiting for over an hour.
p) The guards made the prisoners march for hours in the scorching / burning heat.
q) We had to call the doctor / send for / call for the doctor.
r) He's divorcing his wife.

Seite 80

a) This is a good place to park.
b) Everyone / Everybody wants a place in the sun.
c) Such a method would be out of place here.
d) In this case, an apology is called for.
e) Our team finished in third place.
f) There's plenty of room / space in the wardrobe.
g) There isn't enough room / space for books.
h) There's no room / space left in the boot *BE* / *AE* trunk.
i) This stuff takes up a lot of space / room.
j) Berlin's Gendarmenmarkt is one of the finest / most beautiful squares in Germany.
k) (The) Place de la Concorde is the largest square in Paris.
l) He spends most of his time on the tennis court.
m) Two players were sent off.
n) A young man offered me his seat.
o) I (have) booked / reserved two seats at the Piccadilly Theatre.
p) Is this seat taken?
q) Please sit down. / Please be seated. / Please take a seat.
r) There's a large car park *BE* / *AE* parking lot right next to the hotel.
s) Natural reproduction is (slowly) giving way to artificial reproduction.

Seite 81

a) price. b) prize. c) price. d) charge; fee / charge. e) fees. f) charges. g) cost. h) costs. i) cost. j) expense. k) expenses. l) fares. m) sum. n) amount.

Seite 82

a) at / for. b) at. c) on. d) on; in. e) of; of. f) of. g) to. h) on; in. i) For; in. j) of; for. k) for; in. l) of; by; about; of.

Seite 83

a) The film / movie got many bad reviews.
b) That's bad news.
c) The fear of pain is much worse than the pain itself.
d) I've heard nothing but bad things about him.
e) Many successful people had bad / poor marks / grades in / at school.
f) I'm bad at maths *BE* / *AE* math.
g) He's said to be in poor / (*seltener:*) bad health.

h) Maybe I picked a bad / poor example.
i) The service was rather poor.
j) These stones are of inferior quality.
k) The milk has gone bad / off again.
l) My Spanish is good, but my French is rather poor.
m) Things are getting worse by the day.
n) I felt sick afterwards.
o) She was obviously in bad shape / in a bad way.
p) Even a bad person / an evil person doesn't always do bad / evil things.
q) She behaved badly to you.
r) The afternoon performance / The matinee was poorly attended.
s) That'll be difficult to arrange.
t) He finds it difficult to express his feelings.

Seite 84

a) wear. b) wear. c) carries. d) wears. e) wears. f) carried. g) carried. h) bear. i) bore. j) bear (*auch* carry *kommt vor; sehr häufig:* support). k) carry. l) bears.

Seite 85

a) I'm sure it won't happen. b) in short supply. c) doesn't impress. d) annoys me. e) don't like. f) exactly what I need. g) be too hasty. h) became suspicious. i) the greatest. j) do what was expected of her. k) I don't believe you. l) very easy. m) enjoy each other's company. n) very close. o) very suitable for me. p) do you think of. q) is to blame. r) avoid being punished.

Seite 86

a) He jumped up and ran away.
b) They saved themselves by jumping out of / by jumping from the window.
c) People don't like you to jump the queue.
d) You shouldn't jump to conclusions.
e) We rather jumped the gun there, didn't we?
f) The prices of petrol *BE* / *AE* gas(oline) and heating oil / fuel oil have taken a jump.
g) We're always one jump ahead of our competitors.
h) He was stopped for jumping a red light.
i) I'm a bit jumpy because I'm having surgery / an operation tomorrow.
j) When I asked her to give reasons for her decision, she jumped down my throat.

Seite 87

a) loses. b) lost. c) lose. d) lost. e) losing. f) loose. g) loosely. h) loosened. i) loosen. j) loose. k) lost; loose.

Seite 88

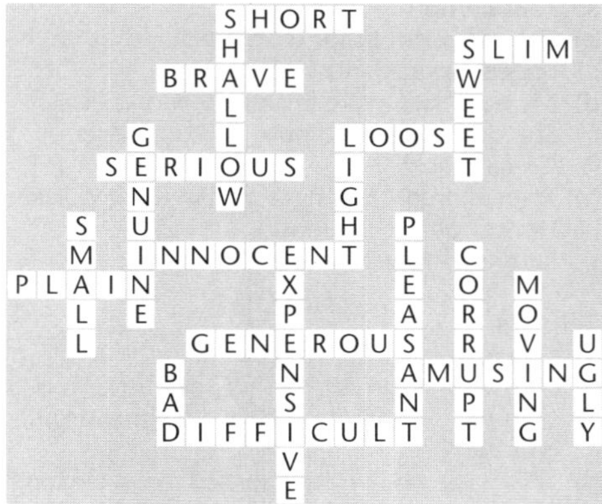

Seite 89

a) in. b) for. c) by; by. d) by. e) from. f) of; at. g) for. h) on. i) on. j) in. k) for. l) until / till. m) to. n) up to. o) by. p) to. q) by. r) to D. / as far as D.

Seite 90

a) He looks like an ox.
b) He eats like an elephant.
c) She has blue eyes like her father.
d) He's as strong as an ox.
e) She's as old as I am. / She's as old as me.
f) Come as fast / quick(ly) as you can.
g) How tall is she?
h) How strong he is!
i) How is she (doing)?
j) How was she dressed?
k) How is it that I cannot hear properly when I wear / I'm wearing sunglasses?
l) What's the new teacher like?
m) What are the new shoes like?
n) How's the weather? / What's the weather like?
o) How about a coffee?
p) What's your name?
q) What are these red fruits called?
r) What time is it?
s) I like the way she smiles.
t) The disease is often / frequently found in wild animals such as foxes and bats.

Seite 91

a) while. b) during. c) during. d) while. e) during. f) while. g) during. h) While. i) while. j) During. k) during. l) while. m) while. n) while. o) during. p) while. q) while. r) during

Seite 92

a) Your computer is very fast.
b) She can swim faster than me.
c) I need a quick answer.
d) My questions were answered very quickly.
e) She quickly learned how to handle men.
f) Come quick!
g) The children / kids have grown up so quickly.
h) He was quickly caught.
i) Bad news travels fast.

Seite 94

a) "I love you." – "I love you too."
b) "I'm very surprised." – "So am I. / Me too."
c) "I'm not surprised." – "Nor / Neither am I. / Nor me."
d) "I'm surprised." – "I'm suprised too. / Me too."
e) "I'm not surprised." – "I'm not surprised either."
f) "I don't know." – "I don't know either."
g) She, too, was surprised.
h) She was surprised, too. / She was also surprised.
i) She was surprised, and so was I / and I was, too.
j) She wasn't surprised at all / at all surprised, and neither was I.
k) We were quite surprised and also shocked.
l) I was not only surprised but also shocked.
m) She's very pretty. She's very intelligent too / as well. / She's also very intelligent.
n) She surprised everyone / everybody, even me / me too / me as well.
o) I was shocked, even if / even though I wasn't surprised.
p) I like the sound of the word, even if / even though I don't know what it means.
q) She gave me the money without even hesitating (for) a second.

Seite 95

a) sensible. b) sensitive. c) sensitive.
d) boundary. e) boundary. f) limits.
g) borders. h) lent. i) borrowing. j) lending.
k) guided. l) led.

Seite 96

a) We (*objektiv:*) have to be / (*subjektiv:*) must be at the airport around / at about ten o'clock.
b) We don't have to know all the answers.
c) Do I have to / (*situativ wesentlich seltener:*) Must I attend the meeting?
d) You don't really have to attend the meeting. / It isn't absolutely necessary that you attend / for you to attend ...
e) You mustn't believe / don't have to believe everything she says.
f) What do you have to do to save energy?
g) Does it have to be now?
h) She must have been here.
i) I had to show my passport five times.
j) You didn't have to do that, but I'm so glad you did.
k) You'll probably have to wait a long time.
l) We probably would have had / We would probably have had to spend about 500 euros.
m) I should have known that earlier.
n) We wouldn't have had to borrow money.
o) I have to go to the toilet / loo / lavatory / *AE* bathroom.

Seite 97

a) made. b) made. c) make. d) made.
e) does. f) making. g) made; made; did.
h) doing. i) does. j) made; make. k) doing / taking. l) taking / doing / sitting. m) took.
n) took. o) have. p) is. q) making. r) driving.

Seite 98

		G											
C	R	I	T	I	C								
		F			O								
		T			N					R			
F			B	A	C	K	S	I	D	E			
A					E		T			N			R
B	O	R	D	E	R		A			T			O
R					N		T						C
I							I			B	A	N	K
C		W	A	R	E	H	O	U	S	E			
							N			N			
		C			D		E			C			
	P	H	O	T	O	G	R	A	P	H			
		E			M		Y						
		F			E								

Seite 99

a) He was lying / He lay on his bed reading a book.
b) She is in hospital (*AE* in the hospital).
c) There was deep snow outside.
d) The stress is on the second syllable.
e) The living room faces south.
f) The decision rests / lies with the president.
g) Oxford, like London, is on the Thames.
h) Aberdeen is (situated) / lies on the east coast of Scotland.
i) You should lie down for a while.
j) He lay down (von *lie*!) on the couch.
k) He laid (von *lay*!) the child on the couch.
l) He leaned back and put his feet on the table.
m) She put the letter down and left the room.
n) I just couldn't put the book down.
o) She put the steaks in the pan.

Seite 100
Thieves entered a house in William Street, Upper Kingswood, and <u>stole</u> an assortment of goods from the kitchen while the occupants <u>watched / were watching</u> television in another room.
The incident <u>happened</u> between 22.09hrs and 23.09hrs on Tuesday May 30.
Property stolen <u>included</u> a brown leather handbag and purse, wallets, keys and mobile phones.
It is <u>believed</u> that the offenders entered the property from the back garden.
Anyone who <u>saw</u> any suspicious activity in the vicinity is asked to <u>contact</u> Upper Kingswood police station on 01726 815000.
Householders are reminded to <u>ensure</u> that all doors and windows are <u>kept</u> securely locked when rooms are unoccupied.

Seite 101
a) He said he would come.
b) He told me that he would come.
c) Did she really say that?
d) Did she really tell you that?
e) Can you tell me how to install it?
f) I told her to bring it next time.
g) "I can't wait to be back on the road / to be on the road again," he said.
h) He said he couldn't wait to be back on the road / to be on the road again.
i) Please don't call me grandpa.
j) What do you think of / say to my offer?
k) Do you mean to say that I'm lying?
l) "Smith is a hopeless case / a dead loss." – "You can say that again."

Seite 102

advocacy	lobbying
asleep	dead
bathroom	toilet
collateral damage	killing of innocent bystanders
condition	illness
conflict	war
correctional facility	prison
enhanced interrogation	torture
ethnic cleansing	genocide
freedom fighter	terrorist
industrial action	strike
liberate	invade and occupy
pass away	die
pre-owned	used
private parts	genitals
promotion	propaganda
revenue enhancement	tax increase
senior citizen	elderly person
spin	political lying
surgical strike	military attack
unmotivated	lazy

Seite 103
a) Why don't you go to the doctor?
b) I went to the station to buy the tickets.
c) Shall we go to my place?
d) Are you still at home?
e) Make sure the shoes go with / match the dress.
f) Can you drink red wine with fish?
g) I understand people who are depressed at Christmas.
h) What did you get for Christmas?
i) We bought two tickets at 50 dollars each.
j) Patients have to wait up to six months for an operation.
k) He's too young for such a position / job.
l) This exercise is too difficult.
m) The windows are all shut.
n) The bottle was unopened.
o) He walked towards the soldiers.
p) What do you intend to do?
q) That was to be expected.

Seite 104
a) of. b) at. c) to. d) of. e) on. f) at.
g) with; for. h) of. i) to; than. j) with. k) in.
l) of. m) of.

Seite 105
a) Why does she want to marry him?
b) Why does he want to marry her?
c) Why do they want to get married?
d) If I were / was her, I wouldn't marry him.
e) If it hadn't been for her I'm sure I would have gone mad / I would have lost my mind.
f) It was she / her who killed him.
g) It was they / them who started the war.
h) I like the lamp, it's very pretty / nice, but I wouldn't buy it.
i) I like the shoes, they're very trendy, but I couldn't wear them.
j) Would you please fill in this form.
k) May I ask you to fill in this form?

Seite 106
a) live [laɪv]. b) alive. c) live [laɪv]. d) alive.
e) live [laɪv]. f) shade. g) Shadow. h) cooking.
i) kitchen.

Seite 107
a) I've just come from a funeral.
b) I was late for the meeting.
c) When she comes home from school, her lunch / dinner is on the table.

d) It was midnight when we got home. / By the time we got home, it was midnight.
e) How did you get / come here – by car?
f) How do I get to the town/city hall *BE* / *AE* to city hall?
g) We passed through a little town called Rogersville.
h) I only got as far as page 50.
i) Do good people go to heaven?
j) He was caught and went to prison.
k) We had to send for / call the doctor.
l) It occurred to me that something must have gone wrong.
m) Come what may, we'll always find a way.
n) Where are you from?
o) How come / How is it you're dressed so smart(ly) / elegantly?
p) She takes after her mother.
q) Everything / It all turned out quite differently.

Seite 108

						O					
						U					
						T					
B	R	I	M			S					
			A			K		R	I	M	S
			R			I		I			
	V		G		B	R	I	N	K		
	E		I			T		G		E	
F	R	I	N	G	E	S		S	I	D	E
	G									G	
	E									E	

Seite 109
a) I happen to know the story.
b) The accused / defendant failed to appear in court.
c) I hope you're right.
d) I guess / suppose I'm jealous. / I'm jealous I guess / suppose
e) I like to be / like being here.
f) I enjoy being with you.
g) I'd love to come, but I don't think I can make it.
h) I'd prefer to go by train.
i) It may be a misprint.
j) We used to live here.
k) I wonder where she is.
l) It was just a rumour I suppose.
m) Prices continue to rise.
n) Go on reading, please.
o) I keep saying the wrong thing(s).
p) I told her to stop, but she kept on moaning.

Seite 110
a) done. b) does; does. c) make. d) makes. e) made. f) do. g) done. h) make. i) made. j) remember. k) remember. l) remind. m) remind. n) remember. o) reminds. p) remember.
Übersetzung der Sätze j) bis p):
j) Ich kann mich nicht erinnern, was ich heute gemacht / getan habe.
k) Ich glaube, ich erinnere mich, seinen Namen auf der Liste gesehen zu haben.
l) Er schrieb, um mich (daran) zu erinnern, dass ich seinen Namen auf die Liste setzen soll(t)e.
m) Erinnere mich bitte (daran), dass ich Tony anrufe.
n) Ich muss daran denken, Tony anzurufen.
o) Dieses Foto erinnert mich an meine Kindheit.
p) Dieses Foto lässt mich an meine Kindheit zurückdenken.

Seite 111
a) She's so clever.
b) It's such a pity.
c) Why are you so aggressive?
d) I (do) love you so much.
e) He's such a fool / such an idiot.
f) He's such a fantastic lover.
g) I've never seen a dog like that (before).
h) That's life. / Such is life.
i) You must open the bottle like this.
j) That's (just) the way he is.
k) She treats him the way a teacher would treat a naughty child.
l) Her hair was as black as ebony.
m) You're almost as good as me.
n) She took care of him / looked after him as best she could.
o) I'll let you know as soon as I can / as soon as possible.
p) Would you be so kind as to autograph the book for me?
q) It isn't as simple / easy as (all) that.
r) I didn't think / I never dreamed/dreamt it would be <u>that</u> expensive / it would be as expensive as that.
s) The stone was about this big.
t) You must do it like this.
u) Did you do it as I told you / like I said?

Seite 112
a) trouble / bother. b) trouble. c) nuisance / bother. d) nuisance. e) angry / cross / annoyed. f) annoying / irritating. g) annoyed / irritated. h) annoying / irritating. i) angrily / furiously. j) angrily. k) furious. l) evil. m) a wicked / an evil.

Seite 113
a) What we need is people with new ideas.
b) We need another 10,000 euros.

c) Will you need / Will you be needing / Are you going to need a dictionary?
d) How long will it take you to read / write the book?
e) How long does it take to get to the airport?
f) He took an hour / It took him an hour to find a parking space.
g) Energy-saving light bulbs use much less electricity and last much longer.
h) You don't have to / need to be a genius to understand Einstein's famous equation.
i) You won't have to / need to wait.
j) I didn't have to wait.
k) You needn't have waited.

Seite 114

a) destination. b) target. c) aim. d) aim. e) goals / targets. f) esteemed. g) estimated. h) guessed.

Seite 115

a) He brings me flowers every day.
b) She had pizzas brought for all of us.
c) Why didn't you bring the children (along / with you)?
d) Can you take the car to the garage?
e) I'll take you to the airport.
f) You ought to / should take / get him to hospital immediately / straight away.
g) We went home early to put the kids / children to bed.
h) This car has given us nothing but trouble.
i) She got him to sign the contract.
j) It's very difficult to make him laugh / to get him to laugh.
k) I couldn't bring myself to tell her the truth.
l) We must get it over with quickly.
m) Kennedy was one of the few senators who made it to President.
n) All the papers carried the story.

Seite 116

a) achieved. b) achieve. c) achieve. d) achieved / achieves. e) achieve. f) achieve. g) be. h) its. i) his. j) their. k) one's. l) have. m) Being. n) to be.

Seite 117

a) She did it out of love.
b) The magician pulled a rabbit out of the hat.
c) The little girl fell out of the window but a man was able to catch her.
d) I'm a bit out of practice.
e) She wrote to us from Paris.
f) The best whisky comes from Scotland.
g) You mustn't jump out of / from the frying pan into the fire.
h) We must learn from our mistakes.
i) In this country, butter is made from cow's milk.
j) The handles are made of plastic.
k) I'm against the bill / I'm opposed to the bill for the following reasons.
l) The file was deleted by mistake.
m) What has become of our ideals?
n) The ball was out.
o) School is out / over. / School has finished.
p) The game / match is over / has finished.

Seite 118

W					T								
E	N	G	I	N	E	S							
A					C								
R			P		H								P
	D		A		N								O
P	O	L	I	T	I	C	S		M				L
	T		N		Q				O				I
			T		U				T		P		C
				T	E	C	H	N	O	L	O	G	Y
						O			R		I		
						L					N		
		P	E	R	I	O	D				T		
						U							
				C	A	R	R	Y					

Seite 119

a) You must be joking.
b) He's sure / bound to succeed.
c) Something had to be done quickly.
d) I can see why you're annoyed.
e) I have just started reading his latest novel.
f) She (has) never apologized to me.
g) We were spoiled / spoilt from the moment we arrived.
h) I'm cold.
i) I don't feel well.
j) I don't care / couldn't care less.
k) I don't care what people say.
l) I'm feeling kind of strange / funny.
m) I feel so sorry for her.
n) I realized that I had to change.
o) I don't mind.
p) I don't like the music.
q) I'm not interested in money.
r) I'm surprised that he's still at large.
s) I wasn't particularly impressed.
t) I'm glad you liked it.

Seite 120

a) big / large. b) big. c) big / great. d) large. e) greatest. f) great / big / grand. g) long / big / great. h) big. i) big. j) tall. k) (*Körpergröße:*) taller / (*wenn er auch kräftiger gebaut ist:*) bigger. l) greater. m) big / large. n) wide /

broad. o) great. p) greatest. q) grand. r) greatest. s) big. t) big / grand. u) grand.

Seite 121

a) She likes him a lot / likes him very much.
b) I like being with friends.
c) I don't like being shouted at.
d) I'd like a coffee.
e) I'd really love to come, but unfortunately I can't.
f) I'd gladly spend the rest of my life here.
g) She enjoys watching the children play.
h) I'm really fond of the goldfish.
i) I'll be happy to help you.
j) You're always welcome here.
k) You're welcome to use our phone.
l) You're welcome to the list.
m) What, is he complaining again? He can get stuffed! (→ S. 124)

Seite 122

a) listened. b) hearing. c) listening to. d) listen to. e) convicted. f) convinced. g) ethically. h) ethnically. i) its. j) it's; it's. k) make. l) holding.

Seite 123

a) She goes to / attends a school in Oldham, but does not live in Oldham.
b) The Queen regularly visits schools.
c) When in Scotland, the Queen regularly attends services at Crathie Church.
d) Our sales reps call on up to ten customers a day.
e) Come and see us some time.
f) Yesterday an old friend came to see us.
g) We went to see them in Glasgow the last time we were in Scotland.
h) We went to see the Monet exhibition at the Royal Academy yesterday.
i) The meeting was well attended.
j) She's currently attending / doing an English course in Folkestone. / She's attending / doing an English course in Folkestone at the moment.
k) She died during a visit / while on a visit to Canada five years ago.
l) In December 1970 Elvis Presley paid a visit to the city.
m) On a recent visit I was able to take some very beautiful pictures of the village.

Seite 124

a) Leave me alone! b) He can go / Let him go to hell! c) I don't care what you think. d) Where on earth is Jack? e) Get lost! f) I flunked my maths exam. g) You know nothing at all about football. h) I had nothing at all to do with it. i) The bloody / damn / (*sehr viel seltener:*) damned computer / car! j) I don't give a damn. k) Oh damn! l) It was extremely / very boring. m) Be quiet! / Shut up! n) A bad mistake has been made. / There's been a bad mistake. o) That (really) annoys me tremendously.

Seite 125

a) He speaks Spanish but not French / but doesn't speak French.
b) She's almost four but can't talk yet.
c) Ah, there you are, Emily, we were just talking about you.
d) Speak / Talk of the devil and he'll appear.
e) We'll have to talk about that. / That's something we'll have to talk about.
f) We never talk (about) politics. / We never discuss politics.
g) I have to talk to you.
h) Could I have a word with you?
i) You just / simply can't talk to her.
j) We don't talk to each other any more. / We're no longer on speaking terms.
k) Sure he doesn't say / talk much, but when he does speak, you're all ears.
l) It's easy for you to say that / for you to talk.
m) Can I speak / talk to the boss?
n) I'll have a word with your teacher tomorrow – perhaps she'll give you a day off.
o) I had to get that off my chest.
p) He addressed both houses of Congress.

Seite 126

a) below. b) Among. c) among. d) under. e) below. f) from. g) place. h) place. i) spot. j) place. k) position / shoes. l) spot. m) passage. n) zero / (*BE auch:*) nought. o) three point zero / (*BE auch:*) nought six. p) zeros / (*BE auch:*) noughts. q) zero. r) nineteen oh five. s) zero / (*BE auch:*) nought. t) zero. u) three nil. v) oh / zero.

Seite 127

a) Er kennt die Stadt wie seine Westentasche.
b) Er versteht sein Handwerk.
c) Sie weiß, wo ihr Vorteil liegt.
d) Sie hat keine Ahnung von Computern.
e) Die unregelmäßigen Verben kann ich aus dem Effeff.
f) Er denkt, dass er alles weiß.
g) Der Ladenbesitzer hatte keine Ahnung, wer ich war, aber er behandelte mich, als ob ich sein bester Kunde wäre.
h) Er ist zum Scheißen zu blöd.
i) Sie kennt sich im Musikgeschäft aus.

- j) Wenn ein Kind nicht zwischen Recht und Unrecht unterscheiden kann, machen die Eltern etwas falsch.
- k) Als ich mich das erste Mal verliebte, wusste ich nicht, wie mir geschah.
- l) Er wird sich hüten, uns nach 22 Uhr anzurufen – es sei denn, es ist was passiert.
- m) Du weißt nur zu gut, dass ich recht habe.
- n) Sie weiß nicht, was sie will.
- o) Unsere Lehrerin weiß, wovon sie redet, und sie macht den Unterricht lustig und interessant.
- p) Natürlich macht er Fehler, aber er ist jung und weiß es nicht besser.
- q) Ich hatte gestern so viel zu tun, dass ich nicht wusste, wo mir der Kopf stand.
- r) Kein Mensch weiß, wie lange es dauern wird.
- s) Das Tolle an dieser Arbeit ist, dass man nie weiß, was als Nächstes passiert.

Seite 128

															T	
								P				C	L	E	A	N
		F	A	L	L		G	O				H			L	
				E		I		L				O			E	
				A		N	E	I	G	H	B	O	U	R	S	
		W	O	R	L	D		C				S				
		A		N		E		Y			M	E	A	N	S	
		T				E						R				
		E				D	A	Y				S	H	Y		
P	U	R	E													

Seite 129
- a) The first year was the most difficult / the hardest / the toughest.
- b) Dad is always the first to get up in the morning.
- c) Finish your homework first.
- d) We'll have a break first.
- e) I think we should ask / we ought to ask the boss first.
- f) We'll do that first thing tomorrow (morning).
- g) It's only half past six.
- h) She was here only yesterday.
- i) There was another incident only yesterday.
- j) He was only sixteen when I first met him.
- k) Only then did he realize what had actually happened.
- l) She has only just arrived.
- m) The hotel was renovated / refurbished only recently / only a short time/while ago.
- n) We won't get the results until the beginning of next week / until early next week.
- o) We won't know anything more definite until Friday.
- p) I didn't get my first real kiss until I was 17.
- q) Once we have achieved / done that, we can address the other issues / deal with the other issues. (→ S. 31)

Seite 130
- a) Gut, sie haben gewonnen, aber wir haben es ihnen nicht leicht gemacht.
- b) Der mutmaßliche Täter ist immer noch auf der Flucht.
- c) Meine Familie hält mich ganz schön auf Trab.
- d) Wir haben genug Truppen, um die Aufständischen nicht zur Ruhe kommen zu lassen.
- e) Canberras Hitzeperiode beginnt sich auf die landschaftliche Umgebung auszuwirken.
- f) Nun, meine Glückssträhne musste ja irgendwann enden.
- g) Die Firma blickt auf eine lange Erfolgsperiode zurück.
- h) Künstler sind anders als gewöhnliche Menschen / sind keine gewöhnlichen Menschen.
- i) Während wir weg sind, steht euch das ganze Haus zur Verfügung.
- j) Er sprang auf den nächsten Zug, wurde aber schnell entdeckt und rannte davon.
- k) Dieses System kostet zunächst mehr, ist aber auf die Dauer billiger.
- l) Die Show läuft schon sehr lange.

Seite 131
- a) Have you ever been to Australia?
- b) The children are at school.
- c) Most of the people here go to church every Sunday.
- d) The school bus takes the children to school.
- e) His mother went to the school to talk to the teacher.
- f) I'm afraid we have no vacancies at the moment.
- g) He's fallen in love with a woman from the Internet.
- h) Her parents would never consent to the marriage.
- i) My parents are going on holiday to Switzerland.
- j) We're going to a concert tonight.
- k) Did you know that Fontane, too, translated *Hamlet* into German?
- l) He threw the letter into the fire.
- m) He went into / to the kitchen to make tea.
- n) We all jumped into / in the water.
- o) You can put your bike in / into the garage.

Seite 132
a) comprehensive. b) comprehensible.
c) Wonders. d) miracles. e) wonder. f) miracle.
g) grateful. h) Thankfully. i) meet. j) notes.
k) notices.

Seite 133

a) Are you going to the station?
b) Are you walking or driving / or going by car/bus/etc.?
c) You can walk there.
d) Who was driving the vehicle?
e) She rides a motorcycle and plays soccer / football well.
f) The car is easy to drive, and easy to park as well.
g) He fell while walking his/the dog.
h) I usually go by bus.
i) The buses run / go every 20 minutes.
j) There was lots of snow and the buses didn't run.
k) We're going to the seaside this summer.
l) Do you always drive so slow(ly)?
m) A friend drove him (*als Patienten:*) to hospital *BE* / *AE* to the hospital / (*als Nicht-patienten:*) *BE & AE* to the hospital.
n) He was walking up and down outside the house / in front of the house.
o) We're going (to go) swimming today.
p) I'm going to see my nan / gran(ny) / grandma this afternoon.
q) She's still at school.
r) Our plane leaves at (a) quarter past five.
s) Everything went according to plan.
t) Now, that's really going too far.
u) How are you (doing)?
v) He wants to study law / go to law school and then go into politics.
w) Where does this road go / lead (to)?
x) My window faces east.

Seite 134

Teenager <u>shoots / kills</u> teacher
Bomb <u>kills</u> 33 in market
Gunman <u>takes</u> woman hostage
Global warming <u>threatens</u> billions
World <u>faces</u> water crisis
Coastal cities <u>destroyed / threatened</u> by hurricane
"There should <u>be</u> more good news on TV," a prominent English clergyman said yesterday. "I've given up <u>watching</u> the TV news at night. Earlier in the day I might be <u>able</u> to take it, but at night it's altogether too much for me."
In the clergyman's view the news was an endless repetition of violence, aggression, disasters, and social <u>problems</u>.
He added, "I wish there <u>was</u> always at least one <u>item</u> in the news to <u>cheer</u> people up, such as children <u>playing</u> happily together, people <u>enjoying</u> the beauties of nature, or someone <u>overcoming</u> adversity."
A television news editor said he didn't understand this <u>kind</u> of criticism. "Our <u>task</u> is to select and summarize the news as fairly as <u>possible</u>, and it isn't our <u>fault</u> if so much of the news these days is gloomy."

Seite 135

a) at. b) by. c) at. d) at. e) of; at. f) by. g) at/for; to; for. h) –. i) by. j) of; at; without. k) at; of.

Seite 136

a) Er hat eine Tätowierung auf dem **Hintern**.
b) He has a tattoo on the **back** of his neck.
c) **Gib** nicht mir **die Schuld**!
d) Don't **make a fool of** me in front of others.
e) Er ist ein **tapferer** Junge.
f) He's a **good** boy.
g) Er wird **schließlich** / **letzten Endes** zurückkommen.
h) He **may (possibly)** come back.
i) Diese Bemerkung **ärgerte** mich.
j) Long sentences **confuse** the reader.
k) Sie fragte mich nach der **Bedeutung** des Wortes.
l) She asked me (for) my **opinion**.
m) Es ist eine **persönliche** Angelegenheit.
n) It's a **personnel** matter.
o) The **staff** was / were very helpful and friendly.
p) Sie **geben** zu viel Geld für Restaurantessen **aus**.
q) They **treated** me **to** a pizza.
r) They **donated** the money to a charity.

Seite 137

a) I was. b) is. c) have. d) centuries. e) booked. f) have known. g) had been. h) since. i) for. j) talking. k) making. l) that she do. m) staying. n) to call. o) –.

Seite 138

														O	
								C		O	C	E	A	N	S
								E			A			L	
								N			P			Y	
						C		T			I				
					P	O	P	U	L	A	T	I	O	N	
						M		R			A				
				D		P		Y			L		C		
B				E		R			C				O		
O	W	N		F		I	M	P	O	R	T	A	N	T	
R				E		S			U				S		
D	E	C	L	A	R	E	D		N				I		
E				T		S			T	O	O		S		
R				E					R				T		
S				D					Y				S		

The United States is a country in North America. It lies between the Atlantic and Pacific oceans. It shares borders with Canada and Mexico. It comprises 50 states. The capital is Washington. The national government consists of the President and the Congress. Each of the 50 states has its own government and legislative system. The US is the world's most important industrial nation.

It's one of the richest countries too. It's the world's only military superpower. The country was colonized mainly in the 17th century. 13 colonies under British rule declared their independence in 1776. In the Civil War (1861–65) the northern states defeated the southern states. The United States has a population of over 300 million.

Register

Die Zahlen sind Seitenzahlen.